Hello World!

발 행 2024년 11월 27일
저 자 김정주
펴낸이 최현희
펴낸곳 샴북
출판등록 2021년 2월 2일 제251002021000009호
주 소 서울특별시 중구 마른내로 10길12, 삼진빌딩3층
전 화 02-6272-6825
이메일 master@samzine.co.kr
ISBN 979-11-94421-01-6(03890)

ⓒ 김정주 2024, Printed in Korea
※ 본 책은 저작자의 지적 재산으로서 무단 전재와 복제를 금합니다.
※ 잘못된 책은 구입한 곳에서 교환해드립니다.
※ 가격은 뒷표지에 있습니다.

Hello World!

김정주

B 샵북

Prologue

어둠 속에서 깜빡이는 모니터 화면 속에서 커서는 나의 타이핑을 기다린다. 한참을 모니터만 바라보다 드디어 손가락을 움직인다.

H-e-l-l-o-,-w-o-r-l-d-!

엔터키를 누르는 순간, 세상이 바뀌었다.

컴퓨터 프로그래밍 세계에서 새로운 언어를 배우거나 새로운 환경을 테스트할 때 작성하는 가장 기본적인 프로그램인 "Hello, world!"가 내겐 또 다른 세상을 열어주는 첫 단어이다.

컴퓨터 세상 밖에 있는 내게 "Hello, world!"는 새로운 시작, 새로운 도전, 또는 새로운 환경에 적응하기 위한 용기의 인사이다. 세계 곳곳에서 서울과 한국을 찾은 많은 여행자를 연결해준 고마운 이 인사말로 내 이야기를 시작하려 한다. 새로운 언어로 손님들에게 말을 건넨 첫 순간, 미지의 영역에 발을 디딘 나의 첫걸음, 그들과 함께 보낸 지난 7년의 흔적들. 이 책은 그들을 통해 "Hello, world!"를 배우고 경험한 이야기다. 붓을 들고 한글을 쓰며 나눈 이야기, 칼을 잡고 자신의 이름을 새기며 소통한 사연들을 담았다.

2018년 겨울, 나는 에어비앤비 체험 호스트로서의 여정을 시작했다. 그때만 해도 이 작은 결정이 내 작업실 풍경을 다채로운 이야기로 꾸미게 될지를 알지 못했다. 7년 동안 전 세계에서 온 2천 8백여 명의 게스트들과 만나며, 나는 단순한 문화 체험 진행자를 넘어 세계와 소통하는 '문화 스토리텔러'가 되어갔다. 늘 그렇듯 처음 가는 길에는 자신감보다 걱정이 앞섰고 가끔 낙심의 순간이 찾아오기도 했지만, 가본 적 없는 낯선 곳으로 가는 길 사이사이에 묘한 재미가 숨어 있을 것 같은 예감이 용기를 내어 버티게 했다.

이 책은 어설픈 용기로 시작한 7년간의 여정을 담고 있다. 도장 만들기와 한글 캘리그래피라는 두 가지 체험을 통해 한국 문화의 향과 멋을 나누며, 나는 게스트들의 이야기를 듣고, 그들의 문화를 배우며, 때로는 그들의 인생에 작은 영감을 주기도 했다.

페이지를 넘기며 여러분은 다양한 이야기를 만나게 될 것이다. 교환학생들의 한국 체험기, 가족 여행자들의 따뜻한 추억, 연인들의 로맨틱한 순간들, 솔로 여행자들의 자아 찾기 여정, 은퇴 후 두 번째 인생을 시작하려는 모습들까지.

여기에는 사랑하는 사람을 잃은 슬픔을 치유하는 엄마의 쉼, 69세 할머니의 늦깎이 아시아 탐험, 사우디아라비아 여의사의 꿈을 향한 도전, 학생들에게 한국 문화를 소개하고 싶은 중년 선생님의 열정, 처음으로 자신을 돌아보는 시간을 한국에서 보낸 40대의 삶의 방향 전환, 그리고 5살 소녀의 이루고 싶은 꿈, 그리고 한국에서 사랑에 빠진 국제 커플의 달콤한 이야기 등이 담겼다. 이 모든 이야기는 서로 다른 배경, 나이, 직업을 가진 사람들이 한국 문화라는 공통분모 아래에서 만나고 나누고 치유한 흔적들이다.

특히 인상 깊었던 것은 그들이 한국 문화를 체험하며 보여준 반응이었다. 외국인의 눈으로 바라본 우리 문화는 때로는 신선하고, 때로는 깊이 있게 전해졌다. 그들의 호기심 어린 질문과 감탄은 나로 하여금 우리 문화의 아름다움을 재발견하게 해주었고, 더욱 친근하게 접근할 수 있도록 고민하게 했다.

이 책은 단순한 여행 에피소드 모음집이 아니라 독특한 문화를 공유하며 다름을 배우고, 제한 없이 서로를 이해하고 존중하게 된 과정의 기록이다.

동백꽃 차를 마시며 긴장한 마음을 덜어내고, 처음 마주하는 도시 속 문화를 경험하는 한 사람 한 사람이 풀어내는 이야기를 통해 세상이 얼마나 다양하고 아름다운지, 그리고 동시에 얼마나 많은 공통점을 가졌는지를 눈치채게 될 것이다.

이 책이 여러분에게 작은 세계 여행이 되기를, 그리고 분주한 도시에서 잠시 따뜻한 찻잔을 두 손으로 감싸며 마주 보는 얼굴에서 국경을 넘어, 우리는 모두 같은 하늘 아래에서 살아가는 지구마을 동네 친구임을 느끼길 바란다.

    난 요리하는 것을 그다지 좋아하지 않지만 필요하다면 앞치마를 두르고 내게 있는 재료를 꺼내 어울리게 다듬고 썰고 간을 해서 먹을 만한 음식을 만들어 낸다. 인생은 요리하는 것과 비슷하다는 생각이 든다. 자신에게 있는 경험과 이야기를 재료 삼아 조화로운 맛과 풍미를 더 해 가는 것이 아닐까. 내게는 캘리그래피와 도장 새김이라는 재료가 있고, 그 재료에 맛을 더해줄 나만의 히스토리로 깊게 우려내는 중이다. 그 맛을 기대하며 방문하는 손님들을 위해서 그리고 나를 위해서.
    이제 나의 7년간의 여정이 준비한, 속 따뜻해질 이야기를 시작하려 한다. 책의 페이지를 넘기는 동안 여러분이 다녀왔던 여행의 설레고 즐거웠던 시간이 추억되었으면 좋겠다.

        2024년 9월, 시작한 마음을 다시 펼쳐보며

차례

Prologue *4*

1장 Hello, Korea!

어떡하지, 이 떨림 *13*

신혼여행중입니다 *23*

용기를 깨워줘 *35*

2장 Hello, Hangeul!

붓으로 쓰는 한글은 처음이라 *47*

지금이 좋다 *60*

달을 향한 꿈 vs 별이 되는 삶 *71*

3장 Hello, My Name Is...

품격있는 당신의 이름 *81*

심각하게 살지 마 *91*

함께 해서 더 행복한, 우리는 가족입니다. *103*

엄마, 나도 할 수 있어요 *115*

4장 Hello, Korean Culture!

대구로 향하는 이유 *127*

요리하는 오한올 *139*

한국 드라마에 빠진 그녀들 *151*

5장 Hello, New Friends!
언어는 달라도 마음의 언어는 하나입니다 *163*
깊은 흔적을 남긴 친구를 소개합니다 *173*
언니라고 불러도 돼요? *186*

6장 Hello, Unexpected!
꽃 든 당신, 기억하지 못 해 미안해요 *197*
위기라고 쓰였지만 기회라고 읽어낸다 *208*
추석은 아빠 집에서 *219*

7장 Hello, Emotions!
정답지 없는 문제집 들고 *230*
안아줘도 될까요? *242*
선물이 된 체험 *254*

8장 Hello, Again!
우주의 음모는 진행형 *264*
다시 만나고 싶어요 *276*
고마운 손님 *289*

Epilogue *298*

1장

Hello, Korea!

어떡하지, 이 떨림.

    2018년 1월 22일, 눈이 많이 내린 월요일에 잊을 수 없는 손님을 만났다. 한 달 전 한 통의 이메일이 이 어색한 만남의 시작이 되리라고는 전혀 알지 못했다.

    오후 3시, 눈발이 날리는 태릉입구역 6번 출구 앞에서 손님을 기다리는 내 심장은 설렘이 아닌 떨림으로 가득 찼다. 긴장감의 무게가 너무나 무거워서 1월의 추위조차 느껴지지 않았다.

    외국인 혼자서 서울 여성 공예센터를 찾아오기 어려울 것 같아 태릉입구역에서 만난 그녀의 첫인상은 깨끗하고 투명했다. "Hello, Nice to meet you. I am Helen. And you?" 중학교 때 배운 이 영어 문장을 이렇게 유용하게 사용하게 될 줄은 몰랐다. 그렇게 어색한 인사를 나누고 5분 남짓 되는 거리를 걸어 319호 내 작업실로 향했다. 다행히도 마침 내리는 눈이 우리의 첫 대화 주제가 되어 주었다.

공예센터로 들어서며 내 작업실로 향하는 동안, 나는 이 센터를 소개하고 서울시의 지원으로 이곳에 입주하게 된 이야기를 자연스럽게 들려주었다. 마침내 첫 번째 외국인 손님 지아님에게 319호 내 작업실 문을 활짝 열어주면서 "Welcome to my studio"라고 가장 자신 있는 발음으로 말하지 않았을까 싶다.

대만에서 온 지아님과의 만남은 2017년 12월 15일에 받은 한 통의 이메일에서 시작되었다. 에어비앤비 체험 호스트로 초대한다는 메일이었다. 사실 그때까지 에어비앤비에 대한 지식이 전혀 없었기에 처음에는 스팸 메일로 오해했었다. 그러나 다시 받은 메일에는 특정 주제에 열정이 넘치고, 그 열정을 사람들과 공유하고 싶은 호스트를 찾고 있다는 내용이 담겨 있었다.

- 인생 참 재밌게 산다는 이야기를 한 번이라도 들어본 1인
- 남들에게 자랑할 수 있는 나만의 재주가 있으신 분,
- 덕질에 미쳐 통장을 "텅 빈 통장" 만들어보신 분

- 취미와 덕질의 경계선에 있는 취미가 있는 분
- 모두 인정하는 "분위기 메이커"인 분
- 에어비앤비를 진짜 좋아하는 사람

　에어비앤비가 찾는 체험 호스트의 조건에 부합되는 것이 마땅히 없었으나, '이제부터 인생 한번 재밌게 살아보고 싶은 분'의 이 항목을 변화의 미션으로 내게 주고 싶어졌다. 체험 프로그램 소개를 위한 준비작업을 마치고 마침내 2017년 12월 29일, 내 체험 프로그램이 글로벌 여행 플랫폼 에어비앤비에 소개되었다.

　하나의 작업을 마쳤다는 안도감으로 편안한 새해를 맞이했고, 내 생일 다음 날의 설렘이 떨림으로 전환되어 첫 외국인 손님 지아를 만나게 되었다. 그녀는 한글 쓰기 체험을 신청했다. 내가 영어에 대한 부담감을 느낄 새도 없이, 그녀는 다정하고 예의 바른 모습을 보여주었다.

그녀가 내 작업실에 들어서자마자, 초록색 가방에서 빨간 포장지로 곱게 싸인 선물 상자를 꺼내 건넸다. 새해 선물이라고 했다. 그녀는 내 공간을 방문하는 첫 손님으로서 방문 선물을 준비해온 것이다. 전혀 예상치 못한 감동을 첫 손님이 가르쳐 주었다. 사람과 사람이 만날 때 해야 하는 인사와 예의, 그리고 감사를 전하는 태도를.

대만에서 새해맞이 선물로 주고받는 액자인 '福'이 거꾸로 들어있는 붉은색 액자였다. 그녀는 이것이 복이 문으로 들어오는 모습을 담은 것이라고 설명해 주었다. 나는 단순히 한글 캘리그래피를 가르치는 것이 아니라, 내 이야기 속에서 캘리그래피가 어떻게 나의 쓰임이 되었는지를 소개하고, 한국의 아름다운 한글을 쓰는 경험을 통해 그들의 한국 여행을 가장 빛나는 순간으로 만들어 주고 싶었다.

스마트한 디바이스로 찍은 사진을 앨범에 담아 보

관하는 것도 여행에서 중요한 기록이지만, 여행지의 특별한 문화와 전통을 직접 경험하고 몸으로 기억하는 것만큼 오래가는 것은 없을 것이다. 그녀가 예약을 확정 지었을 때, 나는 체험에서 쓰고 싶은 문장을 준비해오라고 요청했다. 대만에서 한국어를 배웠다는 지아는 한글 문장을 적어 가져왔고, 내가 직접 제작한 2018년도 달력에 그녀가 준비해 온 문장들을 한글로 담아갔다.

1월에는 <주는 것은 받는 것보다 행복하며>, 4월에는 <사랑하는 것은 사랑받는 것보다 행복하고>, 5월에는 <사람을 행복하게 만든다>, 8월에는 <당신은 아름답다>, 10월에는 <넘어진 당신도 아름답다>, 12월에는 <일어서려는 당신은 더 사랑스럽다>를 한글로 곱게 적어갔다. 채우지 못한 2월, 3월, 6월, 7월, 9월, 11월의 여백 가득한 빈 달력은 집에 가서 가족과 함께 마무리하고 싶다며 가방에 담았다.

지아는 1년의 달력을 보면서 서울 여행과 나를 기

억했을까? 눈 내리는 추운 겨울 속에 만난 1월의 그 날을 아주 따뜻하게 기억하기를 바랐다. 1월의 솜사탕 같은 눈을 작업실 창을 통해 보며 적었던 한글의 획 사이사이에 서로의 이야기를 그림처럼 꽂아놓았다. 내 집에 초대한 오래된 친구마냥 아무도 알 수 없는 우리 둘만의 세밀한 이야기를 나눌 수 있으리라고는 예상하지 못했는데, 예상 밖의 결말이 긴 여운을 남기듯 그날의 인생 첫 경험은 아직도 내 마음에 선명하게 남아 있다.

한 초등학교 교실에서 있었던 일화가 떠오른다. 선생님이 아이들에게 물었다. "애들아, 감사와 감동의 차이점이 무엇일까?" 한 학생이 대답했다. "선생님, 감사는 제가 배고플 때 친구가 가지고 있는 빵 한 조각을 주는 것이고요, 하지만 그 빵 위에다 그 친구가 가장 좋아하는 초콜릿 시럽을 얹어준다면 그건 감동이에요." 지아와 나는 서로 가진 것으로 빵과 초콜릿을 대신하며 감사와 감동을 주고받았다. 내가 가진 이야기를 나누기 위해 전철역으로 마중 나가고 손을 녹여줄 따뜻한 차를 준비한 나의 친절에 그녀는 감사했고, 그녀가 선물한 福을 담은 액자에 나는 감동했다. 그 하루는 묵향보다 강렬하고 새김보다 더 깊게 남아 작업실 문 앞에 놓여있다.

　　새해 첫눈 내리는 날에 만난 첫 손님을 나는 평생 잊을 수 없을 것이다. 아마도 첫 단추가 훌륭해서일까, 지금까지도 손님 福이 내 작업실 안으로 계속 들어오고 있는 듯하다. 체험이 예정된 시간보다 1시간이나 초과했지만, 전혀 문제가 되지 않을 정도로 우리는 편안해졌다. 부채에 그녀가 준비해 온 문장 <당신은 아름답다. 일어서려는 당신은 더 아름답다>를 적어 선물로 건네며 전철역까지 그녀를 배웅했다. 그녀는 아주 색다른 여행이 되었다며 후기까지 남겨주었는데, 이런 상호작용은 또 다른 풍요로움으로 다가왔다.

　　1월의 시작이 조금 힘들었던 2018년, 그녀와의 짧은 3시간의 만남이 평생 지키고 싶은 소중한 순간이 되어 주었다. 때로는 오랜 만남에서 오는 상처보다 짧은 만남이 주는 위로가 두 배 이상의 효과가 있음을 알려주었다. 그녀는 영어와 중국어로 후기를 남겼다. "매우 흥미로운 방식으로 한글을 쓰는, 매우 특별한 경험과 Helen은 훌륭한 예술가입니다! 이 활동은 저를 평화롭게 만들고 제 작품을 너무 사랑합니다! 헬렌이 참을성 있게 가르쳐 주고, 폭설이 내리는 날씨에 나를 데리러 지하철역에 보내고, 사랑스러운 선물을 줘서 고마워요! 非常疗愈的一项活动, 非常享受静下心来慢慢书写韩字的过程, Helen是非常棒的艺术家, 我很喜欢她的各种书法作品, 也很喜欢她的性格, 她很耐心指导让我最后完成了自己非常满意的作品, 把自己喜爱的句子亲自书写在空白日历上, 很特别的一次体验！"

　　처음 시작할 때 느꼈던 '어떡하지!'라는 걱정의 떨림은 이제 내 공간에서 찾아볼 수 없어졌고, 그 자리에는 새로운 손님을 기다리는 설렘이 자리 잡게 되었다. 요즘의 나를 정의해 주는 한 문장을 2024년 7월 15일에 런던에서 온 스튜어트가 남겨주었다. "You make your choices, and then your choices make you." 우리의 매일은 선택의 연속이며, 그 선택이 우리를 만들어 간다는 것을 잘 알고 있다. 그럼에도 그 앞에서의 머뭇거림을 신중함이라 여기며 긴 망설임을 이어가곤 한다. 하지만 나는 짧으나 가볍지 않은 신중함으로 용기의 온도를 떨어뜨리지 않으려고 노력한다.

가보지 않은 길에 대한 지나친 신중함으로 버려지는 시간을, 나는 시작의 문을 열기 위해 길을 쓸고 닦고 다듬는 시간으로 활용했다. 이러한 선택과 활용이 지금의 헬렌을 만들어 주었다는 사실에 깊은 감사를 느끼며, 매일 나를 찾아주는 여행자들과 시간을 보내고 있다.

이 첫 경험은 내게 많은 것을 가르쳐 주었다. 문화의 차이를 넘어 서로를 이해하고 존중하는 방법, 작은 친절이 큰 감동으로 이어질 수 있다는 것, 그리고 새로운 도전이 얼마나 값진 경험이 될 수 있는지를 깨달았다. 이 경험을 바탕으로, 나는 앞으로도 더 많은 여행자에게 한국의 문화와 아름다움을 전하고, 그들의 여행 가방에 행복한 추억을 가득 채워갔으면 좋겠다.

매 순간 새로운 만남과 경험이 기다리고 있다는 기대감으로, 나는 오늘도 문을 활짝 열고 다음 손님을 맞이할 준비를 한다. 이 여정이 앞으로 어떤 모습으로 펼쳐질지, 어떤 사람들을 만나게 될지 나 역시 무척 궁금하고 설렌다. 그리고 이 모든 순간이 나를, 그리고 내가 만나는 사람들을 어떻게 변화시키고 성장시킬지 기대된다.

신혼여행 중입니다

　나의 부모님은 신혼여행으로 경주를 다녀오셨다. 내가 결혼할 무렵에는 해외로의 신혼여행이 서서히 일반화되기 시작했고, 해외로 그들의 허니문 여행을 떠나는 신혼부부들이 많았다. 2019년 봄, 한국을 신혼여행지로 택한 이안과 레베카를 만났다. 신혼여행 중 맞은 남편의 생일을 위해 제주도로 떠나기 전, 도장 만들기 체험을 선물로 준비한 그들은 한국에서 처음 만났다고 했다.

　아일랜드에서 온 레베카와 남아프리카에서 온 이안은 김해의 한 학교에서 영어 교사로 만나 사랑에 빠졌고, 2월에 결혼한 후 그들을 맺어준 한국으로 신혼여행을 왔다는 감동적인 이야기를 들려주었다.

　레베카와 이안은 체험 시간이 너무나 감동적이고 잊지 못할 기억이 될 거라고 거듭 말해주었다. 그들의 표정을 나 또한 또렷이 기억하고 있다. 생일을 맞은 이안을 위해 부채 선물을 준비하며 원하는 문구를 물었더니, 그가 주저 없이 건넨 말은 "THANK YOU, KOREA, 감사합니다. 한국"이었다. 레베카를 만나게 해주었기 때문이라는 설명까지 덧붙였다. 한국 사람으로서 괜히 뿌듯해지는 기분이 들면서 마치 내가 중매쟁이가 된 듯한 느낌이었다.

사람과 사람을 이어주는 키워드로 함께 먹었던 음식 이름이나 들었던 음악이 될 수 있지만, 함께 머물렀던 장소만큼 선명하게 기억되기는 쉽지 않을 것이다. 첫 만남이 이뤄졌던 장소, 첫 키스를 나눴던 곳 등. 그들에게 한국이 그런 곳이었다는 말에 오히려 내가 감사했다. 남아프리카에서 한국으로 오려면 두바이나 홍콩을 경유해야 해서 거의 36시간이 걸린다고 한다. 그래서인지 부부의 연을 맺어준 곳을 찾아 먼 길을 날아온 그들의 결혼반지는 유난히 반짝이며 내 작업실에서 빛을 발했다.

2020년 12월의 몹시 추운 날, 방문하고 싶은 도시 리스트에 한 곳이 더 추가되었다. 클라라와 저스틴 역시 신혼여행으로 한국에 도착했다. 체험 프로그램을 진행하기 전, 나를 소개하는 간단한 한 장의 시트가 있다. 수업을 진행하는 호스트를 소개하는 것은 당연하지만, 늘 어색해서 서둘러 다음 시트로 넘기곤 했다.

그날도 그 시트를 빨리 넘기려 했는데, 클라라는 아직 다 읽지 못했다며 더 소개를 부탁했다. 이런 손님은 처음이었다. 나의 이야기를 더 들려주었고, 내가 이야기할 때 새김을 멈추고 꼭 내 눈을 바라보던 그녀의 선한 눈빛을 지금도 잊을 수 없다. 그녀는 참으로 맑은 사람으로 내게 비쳤다. 아마도 저스틴에게도 그렇게 보였을 것이다. 그래서였을까, 묻지도 않은 나의 이야기가 술술 나오고 있었다.

베를린을 혼자 다녀온 이야기를 꺼내자 저스틴이 바로 자신의 앨범에서 홀로코스트 기념비가 있는 전시

관 사진을 보여주며 박물관의 도시, 베를린을 잠시 다녀온 자신의 여행 이야기를 들려주었다. 이야기 끝에 스페인과 포르투갈을 추천해주었고, 2023년에 나는 그가 추천한 도시들을 다녀왔다. 그 후로 나의 다음 여행지는 나의 손님들의 신뢰에서 시작되고 있다.

클라라와 더 이야기를 나누고 싶어졌다. 그녀만큼 투명한 사람을 만난 적이 없었다. 점점 탁해지고 울퉁불퉁해지는 내 모습에 지쳐갈 때, 그녀의 투명함은 나를 돌아보게 하는 거울 같았다. 서울 여성 공예센터를 졸업하고 새로운 작업실을 찾아야 했던 고민의 무게에 욕심까지 더해져 가볍지 않았을지도 모른다. 눈과 눈을 마주치며 주고받은 이야기가 상대방을 얼마나 안심하게 만드는지를 새삼 경험하게 해준 클라라의 근황이 궁금해진다.

2018년 가을, 스위스에서 온 사무엘과 로렌을 만났다. 그들은 채팅으로 만났고, 두 번째 만났을 때 사무엘의 사귀자는 제안에 하나님과 엄마 그리고 친한 친구에게 먼저 허락받고 알려주겠다는 로렌을 이제 아내로 맞이하고 한국으로 여행을 왔다는 그들의 이야기가 참신실했다. 사무엘은 하나님, 엄마 다음으로 자신에게 영향을 끼치는 사람이 로렌이라고 당당히 말했다.

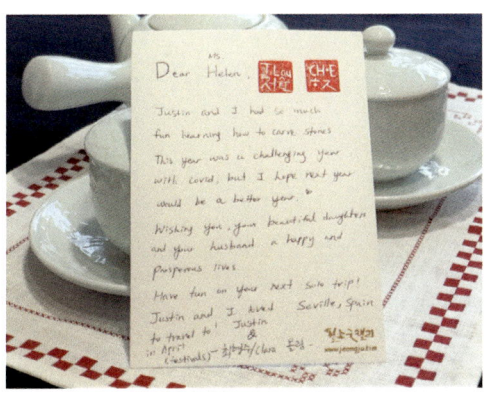

학생들을 가르치는 일을 한다는 사무엘이 내게 참 잘 가르치는 선생님이라고 전한 칭찬은 부족한 자신감에 심폐소생술이 되어 주었다. 대학 진학에 필요한 에세이를 컨설팅해준다는 로렌은 글을 아주 잘 쓴다고 했다. 지금 와서 생각해 보면 그녀에게 에세이 잘 쓰는 법을 물어보지 않은 것이 아쉽다. 단체여행으로 잠시 머물렀던 스위스는 내게 늘 아쉬운 곳이었는데, 그들은 다시 꼭 방문해 보라고 권유하며 그들만의 신혼여행을 시작했다.

    2021년 2월의 어느 날, 찬희와 마크를 안국역 6번 출구에서 만났다. 그들은 엊그제 한국에서 결혼 기념 촬영을 했다고 한다. 코로나로 인해 미뤄졌던 결혼이었고, 이 촬영을 위해 한국에 들어온 마크는 2주간의 자가 격리를 감수해야 했다. 신혼여행도 갈 수 없는 상황이라 지금이 신혼여행이나 다름없다고 하며 들어서는 커플에게 따뜻한 동백꽃 차를 대접하며 그들의 특별한 신혼여행 첫 일정의 호스트가 되었다.

    마크는 오는 일요일에 다시 미국으로 돌아가고, 찬희는 한국에 남아 살림을 정리한 후 미국에 가서 결혼식을 올릴 예정이라고 했다. 코로나 19로 인해 함께 모이는 결혼식은 할 수 없어 결혼 기념사진만 촬영하고 가족끼리 저녁 식사를 한다는 그들의 표정은 '행복'이라는 단어로는 표현하기 부족할 정도였다.

경험해본 적 없었던 코로나 19로 인해 삶의 방식이 많이 바뀌었고, 평생에 한 번뿐인 소중한 순간을 아쉬움으로 남겨놓아야 했지만, 그 가운데에서도 사랑하는 사람을 살피는 방법을 찾아가며 내일을 만들어 가는 모습이 감동적이었다. 그리고 그 내일은 다시 오늘이 되어 사랑과 행복을 쌓아가고 있는 사람들을 서울에서 만나는 나는 참 운이 좋은 사람이라는 생각이 든다.

체험을 마치고 시어머님의 선물로 '어사화 마그넷'을 선택하며, 마크의 도장을 찍은 소망 카드에는 "아버님, 어머님, 새해 복 많이 받으세요"를, 찬희의 카드에는 "Happy New Year"를 적어 양가 부모님께 드리겠다고 하는 모습을 보니 나의 그 시절이 떠올랐다.

나의 젊은 손님들을 통해 나의 과거를 돌아보게 되고, 나이 지긋한 손님들을 만나면 머지않은 나의 미래를 상상하며 정리하는 기회를 만나게 되니 매일의 일상이 지루할 틈이 없다.

2022년 벚꽃 필 무렵, 라나와 종주님이 방문했다. 군인인 종주님은 아랍어를 1년 배우고 떠난 요르단에서 라나와 운명적으로 만나게 되었다. 한국으로 온 후 코로나로 인해 군인의 해외 출국이 금지되어 2년 동안 화상으로만 데이트하게 되었다고 한다.

장기화하는 코로나 상황을 더 이상 기다릴 수 없어 2021년에 요르단에서 라나와 라나의 부모님이 한국에 와서 어렵게 결혼식을 올렸다고 한다. 그리고 그해 5월에 딸을 출산 예정이라는 라나는 매우 외롭다고 했다. 두 사람의 모습은 어느 신혼부부보다 더 예뻤지만, 광주에서 출산을 앞둔 라나가 얼마나 친정엄마가 그리울까 하는 생각이 들자 나도 모르게 친정엄마 모드가 자동으로 켜지면서 눈물까지 흐르다니…. 지금쯤 3살이 된 딸은 라나를 닮아 아주 예쁜 공주님으로 자라고 있겠지. 그리고 보고 싶었던 친정엄마를 이제는 편하게 만나서 외로웠던 지난 시간을 가족의 사랑으로 채워가는 라나를 떠올려 본다.

2022년 여름, 싱가포르에서 온 제리와 펠리샤 역시 신혼여행으로 한국을 선택했는데, 그 이유가 바로 음식 때문이라고 했다. 한국을 좋아하는 외국인들에게는 참으로 다양한 이유가 존재하고 있음을 매번 느끼게 된다. 도장을 새기고 나서 펠리샤가 말했다. 자신의 친구, 사라가 서울에 가면 꼭 방문해 보라고 추천해주었다며 그녀의 사진을 보여주었는데, 나는 사라를 기억해 냈다. 사라와 함께 찍은 사진과 그녀가 남긴 긴 후기가 떠올랐다.

정말 고마운 인연이 아닐 수 없다. 매일 만나는 이방인들에게 나눈 작은 친절함이 나비효과처럼 작은 떨림으로 전해지고 있음이 그저 고마울 따름이다. 펠리샤와 제리 카드에 적힌 문구가 마법의 주문이 되어 제리와 더없이 행복한 결혼생활을 이어 나가며 근심보다 기쁨이 두 배 이상 되기를 욕심내어 주문을 걸어준다.

2023년 1월 어느 월요일에 만난 장과 발렌타인도 한국 음식이 자신들의 신혼여행을 제주도로 결정하도록 만들었다고 했다. 프랑스에서 출발해 베트남을 거쳐 제주도에서 신혼여행을 이어갈 예정이라는 그들은 세계 곳곳을 여행하며 다양한 음식을 경험하는 것이 그들의 소망이라고 했다. 제주도에서 경험할 맛집은 무궁무진하니 내가 언급하지 않아도 어련히 구글링으로 잘 알아서 찾아가겠지만, 갈치 조림을 꼭 먹어보라고 추천했다.

2023년 7월 2일에 결혼식을 올리고 12일에 작업실을 찾은 쌈설과 쌈시아는 맨체스터에서 날아왔다. 전날 도착한 그들은 피곤한 기색도 없이 도장을 새긴 후 제주도로 출발한다고 전했다. 양각을 새긴 남편은 해이고 음각을 새긴 아내는 달을 의미한다고 설명해 주니 서로에게 잘 맞게 새겼다며 기뻐하며 자신의 신에게 감사한다는 문구가 적힌 카드 위에 자신의 도장을 나란히 찍은 후 제주도로 향하면서 내게 물었다. 신혼여행을 어디로 다녀왔냐고. 너무 오래되어서 기억이 나지 않는다고 한 나의 장난을 받아주며 나의 지난 세월을 궁금해하며 떠났다.

　　오하이오에서 온 애슐리와 다니엘이 내 공간을 찾아온 날은 2023년 9월의 어느 금요일이었다. 작업실 레이저 각인 기계 소리가 더해져 더 큰 목소리로 느리게 말해야 했지만, 그들의 기대에 찬 눈빛에 불편함은 곧 사라졌다. 애슐리는 한국 이름이 있었다. 몇 년 전에 한국에서 한국어를 공부했기에 한국어를 읽을 줄도 알았고 말도 잘했다.

　　꼼꼼한 애슐리는 도장 디자인에 적지 않은 시간을 할애했고, 더욱 꼼꼼하게 새김을 이어갔다. 그리고 완성도 높게 나온 그들의 도장을 "좋은 아내 좋은 엄마가 되기를" 애슐리의 카드에, "나의 사랑스러운 아내에게 친절하고 믿음직한 남편이 되기를" 다니엘의 카드에 흐트러짐 없이 찍었다. 지금쯤 좋은 엄마가 되어 있을 것이고 믿음직한 남편으로 여전히 그녀의 사랑을 받고 있겠지.

이렇게 다양한 나라에서 온 신혼부부들을 만나면서, 나는 사랑과 결혼이 가진 보편적인 아름다움을 느낄 수 있었다. 문화와 언어는 다르지만, 서로를 향한 애정과 새로운 삶에 대한 기대는 모두 같았다. 그들의 이야기를 들으며, 나 자신의 결혼생활을 돌아보기도 하고, 앞으로의 인생에 대해 생각해 보는 시간을 가졌다.

각각의 커플들은 그들만의 특별한 사연과 꿈이 있었고, 그들의 행복한 순간을 함께 나눌 수 있어 감사했다. 도장을 새기는 작은 경험이 그들의 인생에 특별한 추억으로 남기를 바라며, 나 또한 그들로부터 삶의 교훈과 기쁨을 얻었다.

이 모든 만남을 통해, 나는 내 작은 작업실이 단순히 도장을 만드는 공간이 아니라, 세계 각국의 사람들이 만나고 서로의 문화를 나누는 소중한 장소라는 것을 깨달았다. 앞으로도 더 많은 신혼부부가 찾아와, 그들의 사랑 이야기와 꿈을 나눠주었으면 좋겠다.

용기를 깨워줘

2018년 무더웠던 7월의 어느 날, 멀리 당진에서 오는 손님을 위해 작업실 온도를 에어컨으로 낮추고 얼음 동동 띄운 레모네이드를 준비했다. 예약 시간보다 20분 일찍 도착했다는 메시지를 받고 태릉입구역 6번 출구로 서둘러 갔다. 그곳에서 모든 사람의 시선을 사로잡기 충분한 나막신을 신은 홀리를 만났다.

그의 독특함은 신발뿐만 아니라 의상에서도 드러났다. 멜빵바지와 나무 신. '따닥따닥' 걸음을 옮길 때마다 나는 소리가 처음에는 너무 커서 놀랐는데, 10년을 신고 있다는 말에 더 큰 놀라움이 하강했다. 일반 신발보다 더 오래 신는 나막신의 바닥을 매년 페인팅해야 한다는 팁까지 알려주었다. 서울 여성 공예센터의 내 작업실로 함께 걸어오는 내내 그의 신발 소리는 마치 누군가의 호위를 받으며 행진하는 듯했다.

작업실에 들어섰을 때는 어느 정도 그 소리에 익숙해지게 되었고 체험을 시작했다. 내 소개를 마치자 한 달 정도 한국에서 일하게 된 미국에서 온 엔지니어라고 홀리가 자신을 소개했다. 내 체험을 위해 전날 서울에 도착해 먼 길을 와준 그에게 시원한 음료를 건네며 새김 칼을 잡는 법을 설명했다.

손으로 만드는 것을 대부분 좋아한다는 그의 칼 잡는 자세는 매우 안정적이었고, 새김 솜씨도 예상대로 공예로 다져진 실력을 보여주었다. 직선 연습을 마치고 나무와 꽃까지 다양한 새김을 할 수 있는 연습 시간을 충분히 주었다. 미리 준비해 온 자신의 디자인을 보여주었고, 우리는 긴 토론 끝에 한글과 영어가 함께 있는 디자인을 선택하기로 했다. 홀리의 이름 디자인은 한글과 영어로 이름을 혼합하여 디자인한 도장 새김의 시작이 되어 주었다.

새김을 마치고 보각까지 완벽하게 마친 후, 도장을 찍는 그의 신중한 자세마저도 지금까지 방문했던 손님 중 최고였음을 인정하지 않을 수 없었다.

    내 작업실에는 수백 장의 카드가 벽면을 채우고 있다. 수업을 마치고 자발적으로 남겨주는 카드의 첫 번째가 그가 남긴 것이고, 내 상품을 처음 구매한 손님도 그였다. 수업을 마치고 전철역까지 배웅하면서 그 신발에 대한 나의 관심을 눈치챘는지, 인터넷에서 구매할 수 있다고 하며 오래 신어 알록달록 색칠된 나막신의 금이 간 자국을 보여주면서 고쳐서 신을 수 있다고 말하는 그와 함께 웃었다. 그의 나막신이 나의 다음 여행지로 암스테르담을 암시하는 듯하다.

    순수한 마음으로 자신의 취향을 지키는 법, 하고 싶은 일을 제대로 즐길 줄 아는 법, 꼭 해보고 싶은 일이라면 핑계를 대지 않고 정당한 시간과 비용을 아끼지 않는 법, 타인의 인정보다 자신에 대한 믿음을 지키는 법, 그리고 내 안에 숨어 있는 용기를 깨워야 한다는 것을 알려주러 온 듯한 홀리가 남긴 카드는 여전히 내 작업실 벽면 한가운데 놓여있다. 그의 이름과 새긴 도장을 찍은 그의 카드를 보며 지금 하는 이 일이 내게 나막신이 되어 주길 바란다.

오래 신으며 힘든 시간 속에 조금 금이 가고 패임이 생기는 것에 놀라지 않고 매년 밑바닥을 새롭게 칠하며 살피고 보완하듯이, 타인의 시선에 나의 취향과 일들이 휘둘리지 않고 수정과 보완의 예쁜 칠로 나만의 색을 더하며 지켜나가는 법을 배우게 된다.

2018년 12월, 또 다른 용기의 봉투를 내민 안드레이를 만났다. 그는 불 퍼포먼스 공연을 진행하며 소품도 직접 제작하는 프랑스에서 온 예술가였다. 외국인들에게 자신의 공연을 체험 프로그램으로 진행한 지 4개월이 되었다고 소개한 그는 도자기를 빚어볼까, 한국 음식을 만들어 볼까, 아니면 도장을 만들까 고민하다가 한국에서만 할 수 있는 수업이라고 여겨져 내 수업을 선택하게 된 이유를 소상히 들려주었다. 불 쇼를 하며 불을 뿜어내는 그의 남다른 폐활량으로 돌가루를 부는 그의 에너지는 막강했다.

직접 소품들을 만들어 해외 수공예 판매 사이트인 Etsy에 올려서 판매하고 있다고 하며 내 상품과도 어울린다며 진행해 보라고 추천하기도 했다. 안드레이는 11월의 굴을 정말 좋아해서 고향 친구들과의 해산물 먹방을 하며 한국의 문화에 빠질 준비를 하고 왔다고 알려주었다. 한국은 처음이라는 그의 이번 여행에서 자신의 이름을 새긴 도장 체험이 가장 기억에 남을 시간이었다는 진심 어린 후기를 읽으며 한 번의 만남일지라도 기억에 깊이 각인되기에 부족함이 없음을 알게 되었다.

콜롬비아 출신이라고 한 그는 프랑스에서 다양한 직업을 가져보았다고 했다. 그는 나의 첫 번째 책에 손을 뻗어 펼쳐보며 요리사, 예술가, 호스트, 은행원까지 많은 이야기를 책으로 출간하고 싶은 영감을 받았다고 말했다. 우리는 모두 자신의 책을 채워줄 한 장 한 장의 페이지를 하루도 놓치지 않고 쓰고 있는 게 아닐까. 책 출간에 관심을 가지고 내게 했던 질문들 사이로 그가 내게 용기의 문을 두드리는 말을 꺼냈다. "언제 두 번째 책을 낼 생각이냐고?" 전혀 생각이 없었던 내게 그가 던진 질문에 "why not?"이 튀어나왔다. 감성적으로 뭔가 통하고 있는 전류가 침묵 속에서 공유되었나 보다. 그는 느끼지 못하고 숨어 있던 나의 용기를 다시 깨워주며 작업실을 떠났다.

손님이 남긴 이야기로 두 번째 책을 기획해야겠다는, 불쑥 튀어나온 나의 대답에 참 재밌겠다고 해준 안드레이가 어쩌면 나의 두 번째 책의 시작이 된 건 아닐까. 나는 세계의 많은 나라에서 온 사람들을 여전히 만나고 있다. 그들은 내게 영감을 주는 사람이라고 말하지만, 그들에게서 더 많은 영감을 받는 것은 바로 나란 걸 수업마다 느낀다. 그래서 나는 이 일을 하기 위해 집을 나서는 것이 정말 좋다. 나의 손님들을 만날 기대를 품고 작업실 문을 여는 평범한 일상이 진심으로 감사하다.

용기는 누군가가 나를 대신해서 내줄 수 있는 것이 아니다. 그들은 일으켜 세우기가 무엇보다 두려웠던 나의 용기를 꺼내주었고, 때론 깨워 나지 않기를 바랐던 나의 비겁함을 날카로운 망치로 부숴주었다. 안드레이가 그만 쉬고 싶었던 내 용기에 옷을 만들어 주라고 강력한 메시지를 던졌고 나는 그 메시지에 응답하는 중이다, 계속.

그리고 다음 해인 2019년 봄이 막 시작되는 3월에 댈러스에서 온 사만다를 만났다. 무료 사이트에서 혼자서 한글을 배웠다는 그녀는 경찰관이라고 소개하며 자신의 이름을 정확하게 한글로 적어주었다. 그래서인지 민첩성이 어찌나 뛰어난지 수업 시간을 한참 남겨놓고 새김을 마쳤다. 이틀 전에 한국에 왔고 이 체험을 마치면 올림픽공원에서 하는 방탄소년단의 콘서트를 보러 간다고 했다. 이 콘서트가 바로 그녀의 버킷리스트 중 하나였다고.

미국에서는 혼자 여행을 가곤 했지만 혼자서 하는 해외여행은 이번이 처음이라고 한 그녀에게 한국은 그녀가 좋아하는 아이돌그룹의 성지였고, 이곳에서 열리는 콘서트를 놓치기에는 그녀의 용기의 온도가 무척 뜨거웠다. 솔로 여행에 대한 부모님의 큰 걱정에는 한국처럼 안전한 나라는 없다고 강력하게 설득하고 왔다는 그녀는 내게 용기의 상징으로 남아 있다.

 한국에 도착한 다음 날, 3월 1일이 자신의 생일이었다고 말하며 이 수업은 자신에게 주는 생일선물이라고 했다. 자신의 특별한 날을 위해 찾아주는 손님들을 그냥 빈손으로 보낼 수가 없는 호스트로서, 그녀를 배웅하기 전 자그마한 내 상품을 생일선물로 건네며 "생일 축하해"를 전했다. 자신이 사랑하는 것을 보기 위해 시간과 비용을 들여 찾아가고, 만나보고, 경험하는 것이야말로 인생을 풍요롭게 해주는 것임을 다시 한번 일깨워 준 사만다의 열정이 용기의 문을 열고 한국으로 날아온 것처럼, 열정은 용기의 문을 여는 아주 중요한 열쇠임이 분명하다. 그녀의 열정이 나의 열쇠가 되어 문이 열리는 소리가 들리는 듯했다.

엘리자베스가 신은 용기의 신발도 예사롭지 않았다. 이 용기의 신발을 신고 나를 방문한 그녀는 애리조나에서 2019년 3월에 서울로 날아왔다. 그녀는 서울에서 유학 중인 큰딸을 방문하기 위해 처음 인천공항에 내렸고, 서울대에서 영어를 전공하는 딸과 부산으로 주말 여행을 가기 전 필소굿캘리를 방문한 것이다. 특히 공예에 많은 관심이 있었던 그녀는 설렘으로 약속한 시각보다 일찍 서울 여성 공예센터에 도착해서 센터를 구경하고 있다고 메시지를 보내왔다.

그리고 만난 그녀의 푸근함이 넘치는 표정과 편안한 언어가 비슷한 시대를 보낸 세월의 무게를 내게 다정하게 알려주는 듯했다. 왁스로 그림을 그리고 있고 스탠딩 코미디언과 현대 무용가가 꿈이라고 소개한 그녀는 현재 바리스타로 일하고 있다고 했다. 정말 참신하고 기대되는 자신의 꿈을 이야기하는 그녀의 음성이 다시 나를 부스터 업 시켰다. 그녀의 적극성과 조급함은 적절하게 융합되어 전혀 불편함이 느껴지지 않았다.

수업을 마친 후 '꿈'과 '빛'이 적힌 마그넷 꽃병 2개를 구매한 그녀의 꿈이 세상에서 빛나기를 응원하고 또 응원한다. 그녀의 카드에 적힌 "언제나 즐겁게"라는 그녀의 좌우명처럼, 용기를 낸다면 뭐든 즐거울 수 있지 않을까?

용기는 편한 덕목은 아니라고 생각한다. '용기를 내야 한다.'라는 불편한 진실과 '내가 할 수 있겠어'의 편한 합리화 사이에서 이기는 70%는 편한 합리화였는지 모르겠다. '이 나이에 편하게 살지, 뭐'라고 했던 내게 불편한 용기를 깨워서 신발을 신도록 도와준 사람들을 많이 만났다.

내게 용기는 더 높은 곳에 오르기 위함이나 더 멀리 날기 위함이 아니라, 내가 살아가고 있는 바로 여기 지금을 지켜내기 위한 불편하지만, 반드시 요구되는 덕목이다. 용기의 신발이 없었다면 그 뒤에 따라오는 만족감과 성취감을 경험하지 못했을 것이고, 나의 고마운 손님들을 만나지 못했을 것임을 안다.

그래서 나를 방문해 준 여행자들에게 고마운 마음이 크다. 물건을 사는 즐거움도 나쁘지 않지만, 우리가 함께했던 이 짧은 시간이 그들의 여행 기록에 용기를 내어 한국을 찾은 잊지 못할 행복한 추억이 되기를 기대한다.

이렇게 다양한 사람들과 만남을 통해, 나는 용기의 여러 형태와 그것이 우리 삶에 미치는 영향을 배워가고 있다. 홀리의 나막신처럼 독특하고 개성 있게, 안드레이처럼 새로운 도전을 두려워하지 않고, 사만다처럼 열정을 따라 먼 곳까지 날아가며, 엘리자베스처럼 나이에 상관없이 꿈을 꾸고 추구하는 용기. 이 모든 경험이 나의 삶을 풍요롭게 하고, 내게 용기의 알람이 되고 있다.

작은 작업실에서 만난 세계 곳곳에서 온 여행자의 용기 있는 이야기들이 내 용기의 마중물이 되어 주었다. 그리고 두 번째 책의 여백을 채워줄 경험의 기록들이 이 용기와 함께 쌓여가고 있다.

2장

Hello, Hangeul!

붓으로 쓰는 한글은 처음이라

첫 직장을 떠날 때 아쉬움이 없었던 게 참 이상하다. 무언가를 이루어 내며 얻어지는 성취감과 배우고 성장하는 데에서 안도감을 느끼는 사람임을 직장을 떠나고서야 알게 되었다. 그리고 캘리그래피라는 생소한 글씨를 배울 때 들었던 고민에 대한 솔루션에 외국인을 대상으로 하는 문화 스토리텔링은 준비하지 못했던 옵션이었다.

사실, 사업계획서를 작성할 때 주의해야 할 표현이 '어쩌다 보니', '하다 보니'와 같은 우연적 표현이다. 그럼에도 불구하고 시간이라는 물결을 타고 흘러가는 중에 이르게 된 현재의 모습을 계산기로 산출하는 값으로만 설명하기에는 부족함이 크다. 영감적 아이디어라고 해도 좋고, 우연의 기회라 해도 좋은, 도전하고 싶은 기운의 이끌림이 있음을 느낀다.

꿈을 꾸기도 했고 비전을 품기도 했으나 인생이 어디 꾸고 품은 대로 되던가? 이런 이야기를 나눈 손님을 2019년 7월 15일 월요일에 만났다. 한글에 관심을 가지게 된 타냐는 한국어를 배우기 위해 독일에서 날아왔다. 방문 당시 한국어 어학당을 다니고 있던 타냐는 자신이 공부하고 있는 한글 노트를 내게 보여주었는데, 어쩌면 나보다도 더 정갈하게 쓴 한글이 노트에 줄지어 정리되어 있었다.

그런 그녀에게 도구와 재료에 대한 소개를 먼저 들려준 뒤 한글을 만들게 된 세종대왕의 이야기를 만원 지폐를 펼쳐 보이며 덧붙였다. 먹을 잡은 손이 벼루 위를 누비며 만들어 낸 먹물 속에 그녀의 설레는 표정이 비쳤다.

붓을 잡는 법부터 판본체의 선을 긋는 법을 따라 연습한 후, 마침내 자신의 이름을 판본체로 적은 타냐는 마냥 어린아이처럼 좋아하며 그녀가 선택한 문장 연습으로 이어갔다. 번역하는 데 큰 어려움 없도록 건넨 문구는 "Don't worry, be happy"였다. 크게 영감을 주거나 그리 새로운 문장은 아니었으나 그녀가 연습하는 과정에서 타냐 만의 각별한 다짐이 되어 족자에 내려앉았다. 마치 타냐 자신이 이 메시지처럼 살아가고 있음을 보여주듯이.

꾸미지 않은 건강하고 밝은 표정이 긍정의 에너지로 내게 전이되는 이런 경험은 처음이었기에 그녀와의 대화를 계속 이어 나가고 싶어졌다. 초 긍정 에너지에서 뿜어지는 활기찬 표정으로 2시간 동안 뜨거운 수다를 나눈 뒤, 공예를 좋아하는 여동생이 한국에 오게 되면 다시 한번 더 방문하고 싶다고 한 그녀는 내 작업실을 떠나기 전 독일어로 속담을 적어주었다.

"누구나 죽는 인생, 그렇게 심각하게 생각하지 말고 즐거움을 선택해서 살아가라." 대충 이런 의미의 독일 속담이라고 했다. 그러니 이왕이면 어두운 불안감 대신 긍정의 즐거움을 선택지로 고르는 것이 훨씬 이득이라고 내게 귀띔해주고 갔다. 모든 것이 완벽한 준비가 되지 않으면 하지 않았던 예전의 나에게서 조금씩 멀어져도 큰 문제가 없을 거라고. 늘 심각했고 일어나지 않을 일을 끌어안고 주저했던 예전의 나와 거리를 두며 지금의 모습으로 건너가고 있는 요즘의 내게 어울리는 문장 같아서 여전히 내 작업실 벽면에 붙여 놓았다.

그래서 독일에서 오는 손님마다 그 속담을 보며 대화의 작은 주제가 되어 주니, 이 또한 선순환의 작은 즐거움이 되어 주고 있다. 과거에 대한 미련은 후회를 남기고 미래에 대한 걱정은 불안을 데리고 오는 것임을 누구나 알고 있지만, 그 부정적인 생각 소비를 줄인다는 것이 수월하지 않음 또한 잘 알고 있다. 그래서 때때로 심각한 생각이 내게 달려들 기미가 보일 때면, 시작부터 작업실을 떠나는 순간까지 웃음이 얼굴에서 떠나지 않았던, 방문 손님 중 최고의 긍정을 보여준 타냐가 남기고 간 그녀의 글씨를 보며 그날의 타냐의 밝은 에너지를 떠올린다. 그리고 다짐한다, 나는 긍정의 즐거움을 선택하기로.

물러가는 여름과 스며드는 가을의 경계선 같았던 2021년의 9월은 계절의 불분명한 경계만큼이나 코로나로 인해 예약은 엉성했다. 그럼에도 인사동 작업실을 찾아준 나의 손님들은 그 어느 시절보다 친절했고 영감을 주신 분들이 많았다.

9월의 첫 주말, 아내 젬마의 생일 이벤트로 한글 쓰기 체험 예약을 한 스미스는 한 달 된 아들과 함께 작업실 문을 두드렸다. 살라스의 아들은 내 작업실을 방문한 최연소 손님으로 기록되었고, 스미스는 최연소 손님 윌리엄을 안고 캘리그래피를 연습한 강한 아빠로 기록되어 있다. 배고파서 칭얼대는 아이를 이번에는 엄마가 안고서 붓을 들었고, 중간에 나도 잠시 아기 돌보미를 자청했다.

얼마 만에 안아보는 아기인지. 가물거리는 기억을 끄집어내서 아기의 가녀린 목을 받치고 아기를 안았는데 정말 행복했다. 나의 품속에서 20여 분을 잘 머물면서 자신의 그 에메랄드빛 눈동자로 나를 힐링시켜주기까지 하다니. 이런 경험을 언제 해볼 수 있었겠는가? 한글을 소개하는 호스트가 되지 않았다면 말이다. 이 부부는 한글을 배우고 쓰기 위해 나를 찾아왔지만, 이 가족은 서로를 어떻게 배려해주는지를 내게 알려주고 갔다.

젬마와 살라스 이름을 판본체로 연습한 종이도 족자와 함께 말아서 가져갔다. 인사동에는 적지 않은 버스킹 연주가 주말마다 이어진다. 그들과 했던 시간을 정리하고 작업실을 나오는 길에 들려오는 거리공연 연주자의 'Over the rainbow' 멜로디가 젬마와 살라스에게 배려를 배운 나의 하루를 더욱 충만하게 만들어 주듯이 흐르면서 거리에 내려앉은 퇴근길이었다.

2021년 9월, 한국에서 2년간 일을 마치고 집으로 가기 전날에 아빠에게 줄 기념품으로 한글 족자를 선택한 샤니를 다시 만났다. 일주일 전 자신의 도장을 만들기 위해 내 작업실을 방문한 후 두 번째 방문인 그녀의 말하는 속도는 내가 알아듣기에는 무척 날쌔서 다 이해하지 못했지만, 그녀가 쓰고 싶어 했던 문장은 정확하게 이해할 수 있었다. 샤니는 분명 그녀의 아빠는 공항에서 그녀를 보자마자 한 번 울고 집에 가서 "아빠 감사하고 사랑해요"의 족자를 보고 두 번째 울음을 터뜨릴 것을 예상했다.

이 문장을 연습하며 그녀는 아빠와의 각별한 사랑 이야기를 들려주었고 웃음도 주었던 그 날이 잠시 그리워진다. 여행지에서 기념품을 사야 할 대상으로 떠오르는 지인에게 직접 쓰거나 직접 만든 선물보다 더 감동적인 것이 있을까? 아빠 방에 오랫동안 걸려 있을 딸의 사랑을 매일 아침 확인하며 출근하는 기쁨을 선물하는 샤니는 정말 똑똑한 딸이 틀림없다. 딸의 귀국을 큰 포옹으로 환영하며 우셨을 아빠의 모습을 다시 상상하니 나 역시 웃음과 눈물이 교차된다.

외국인 교환학생으로 서울의 한 대학교에서 공부

하고 있는 로렌과 에밀리를 만나는 것은 2021년 10월의 어느 멋진 날이었다. 코로나로 인해 온라인 수업으로 진행하고 있지만, 곧 진행할 대면 수업을 기대한다는 그들은 내 둘째 딸과 같은 나이여서인지 마치 딸처럼 다가왔다. 가족이 그립다는 에밀리와는 달리 집에 있는 강아지가 그립다고 반전 대답을 한 로렌은 일주일 후에 도장 수업도 참여하며 두 번의 만남으로 이어졌다.

첫인사의 어색함은 잠시였고, 제공된 붓을 들고 내 설명에 따라 획을 긋는 모습, 새김칼을 잡고 자신의 이름을 새기는 진지한 모습을 카메라를 통해 따로 또 같이 공유하는 신선한 경험은 곧 안전하게 즐기는 재미가 되었다. 서로의 작업을 소개하는 시간을 제공하고 최고의 새김과 최고의 필체를 뽑아볼 수 있는 여유로 이어졌다. 에밀리는 "꽃길만 걸어요"를, 로렌은 "그대, 걱정하지 말아요"를 족자에 한글로 담아갔다. 그리고 로렌은 자기 기숙사 방에 걸어 놓은 족자 사진을 친절하게도 내게 보내주었다. 로렌을 걱정하는 가족들에게 보내는 메시지가 아니었을까!

2021년 9월의 마지막 날에 만난 또 다른 교환학생 위삼의 방문은 여느 때보다 유쾌했다. 한국 문화에 많은 관심을 가지고 독일에서 온 그는 아랍어와 한글 캘리그래피가 비슷하게 보인다고 하며 직접 아랍어를 써 보여주었다. 온라인 수업의 장단점을 설명하며, 한국에서 여행하는 중에도 수업을 들을 수 있는 것이 최고의 장점이라고 살짝 귀띔해주기도 했다.

그의 좌우명인 "노력은 꿈을 이루게 한다"를 열 장 넘게 연습한 노력 덕분에 족자 속 위삼의 한글은 유달리 더 멋지게 보였다.

위삼의 꿈이 무엇인지 알 수 없지만, 그의 꿈이 이뤄질 때까지 이 족자도 함께 하기를 바란다.

2022년이 시작되는 1월, 부산의 한 중학교에서 영어 교사로 일하고 있는 린나의 남다른 긍정적 기운이 2022년이 시작되는 작업실의 1월을 가득 채웠다. 그녀는 아무 말이나 질문해도 즉문즉답해 주며 티키타카가 되는 그녀와의 수업이 무척이나 유쾌했다.

27살이라고 결코 볼 수 없는, 실제로도 편의점에서 소주를 살 때 신분증 요구받기도 했다는 그녀는 한국 음식 중 삼겹살을 좋아해서 이날도 나와의 족자 수업을 마치면 인사동 맛집에서 저녁 메뉴로 삼겹살을 먹을 예정이라고 한다. 그녀는 족자에 "모든 끝은 새로운 시작이다"를 적었다. 책에서 본 글귀이며 자신의 엄마가 늘 하는 말이라며 그녀의 최강 동안을 환한 미소로 보여준 린나를 쉽게 잊을 수 없을 것 같다. 우리는 매일매일 새로운 끝을 정리하고 새로운 시작과 굿모닝 인사를 한다.

그러니 엔딩은 아쉬움이 아니라 새로운 시작을 알리는 신호로 여겨보면 어떨까.

 2022년 2월 이웃사촌 사이인 제시카와 캐롤라인이 멀리 성남에서 와주었고 작업실을 들어설 때부터 장착되어 있던 설렘의 긴장감은 수업이 끝날 때까지 지치지 않았다. 그러니 긴장감의 파장은 내게로 전달되어 추운 겨울이었지만 작업실 안은 후끈했다. "꿈은 이루어진다."를 한글 판본체로 적은 제시카의 꿈은 무엇이었을까? 묻지 않았지만, 그녀의 방에 걸려 있을 족자 속 메시지는 그녀를 그 꿈으로 이끌어 주는 마중물이 되어 주고 있었으면 좋겠다.

 "꽃길만 걸어요"를 자유롭게 적은 캐롤라인. 붓을 잡고 한글을 연습하는 그녀의 자세는 그 어떤 길도 꽃길로 만들 수 있을 의지를 보여주는 데 전혀 부족함이 없었다. 기혼자인 두 여성과의 평일 오전의 수업이 더 활기찰 수 있었던 이유를 한 가지 더 추가하자면 모든 기혼자는 시-월드로 하나 될 수 있음을 글로벌하게 확인시켜 주고 다소곳하게 자리를 떠난다.

코로나가 거의 안정적인 상황이 되면서 인사동 거리는 외국인들로 서서히 가득해졌고, 인사동으로 작업실을 옮기고 나서 처음으로 환전소가 생긴 것을 보았다. 그렇게 매섭고 추웠던 겨울이 지나고 봄바람을 타고 작업실을 찾는 외국인 여행자들의 노크 소리를 자주 들을 수 있게 되었다.

한국에서만 즐길 수 있는 한글로 적어보는 자신의 이름, 자신의 좌우명이나 소망을 붓끝으로 적어보는 한글의 맵시가 한국을 방문하는 이방인들에게 봄날의 벚꽃처럼 화사하게 기억되었으면 좋겠다.

이렇게 다양한 사람들과의 만남을 통해, 나는 한글의 아름다움을 새롭게 발견하고 그 가치를 재확인하게 되었다. 각기 다른 나라에서 온 사람들이 자신의 꿈과 희망을 한글로 표현하는 모습을 보며, 한글이 가진 독특한 매력과 보편적 아름다움을 느낄 수 있었다.

이 경험들은 단순히 글씨를 가르치는 것을 넘어서, 문화를 공유하고 서로를 이해하는 소중한 기회가 되었다. 때로는 언어의 장벽을 넘어 서로의 마음을 읽고, 때로는 작은 글씨 하나로 큰 감동을 주고받는 순간들이 있었다.

앞으로도 이 작업실이 한글을 매개로 세계 각국의 사람들과 소통하는 특별한 공간으로 기억되었으면 한다. 그리고 나는 이곳에서 더 많은 이야기를 만들어 가며, 한글의 아름다움을 세계에 알리는 작은 메신저 역할을 계속해 나갈 꿈을 꾼다.

지금이 좋다

　비즈니스로 해외를 가는 것 외에 내 여행의 일행은 늘 가족이었다. 여행할 때 가족만큼 편안한 구성원이 있을까? 너무 가까운 사이이기에 그 편안함이 자칫 무례함으로 비칠 수 있어 작은 오해가 발생하기도 하지만, 그래도 칼로 물 베기 같은 자잘한 서운한 감정들은 맛있는 음식을 함께 먹으면서 금세 풀 수 있다고 여긴다. 나는 가족과 오래오래 여행하고 싶다는 소망이 있다.

　이러한 소망을 더 확고하게 해 준 손님들을 2024년이 시작하는 1월, 첫 방문객으로 맞이했다. 할머니, 엄마 그리고 9살 아들, 이렇게 3대가 함께 붓을 잡고 한글에 열중하는 모습을 보면서 미래의 할머니가 될 나를 연상하게 되었고 그래서 더 관심을 가지게 된다. 할머니 수잔, 엄마 올리비아 그리고 9살 아들 세바스찬을 1월 4일 오전에 만났다. 요란하지 않게 차분한 태도로 글씨를 쓰면서 적당한 목소리 톤으로 대화를 나누고, 때때로 열심히 한글로 이름을 쓰는 세바스찬을 물끄러미 바라보는 엄마 올리비아와 그녀의 엄마 수잔의 평화로운 모습이 매우 선명하게 내 시선에 머물렀다.

세바스찬이 쓰고 있는 "모험하는 인생"에 기쁨만이 담기기를 바라는 모습 같기도 하고, 무엇을 해도 변함없는 응원을 보내줄 준비가 되어 있다고 보여주는 응원 같기도 하다. 아직도 의사로 일하고 있는 수잔은 로컬 호스트가 된 나의 이야기를 들으면서 강한 공감을 해주었고 경력단절에 대해 아쉬움을 강하게 동감해주었다. 그녀 역시 그녀의 부모가 두 아이를 살펴주지 않았다면 그녀의 경력을 유지할 수 없었을 거라고 했다. 수잔의 엄마, 즉 올리비아의 할머니는 그림을 그리는 미술가였다고 말해주니 세바스찬의 예술적 재능이 누구에게서 물려받았는지를 알 수 있었다.

약간의 스트레스를 이겨내고 완성한 올리비아의

족자에는 "열심히 일하고 친절해라"라는 문구가 자리했다. 외국인들에게 "친절"이라는 단어는 매우 중요한 인생 덕목으로 보인다. 많은 여행자가 쓰고자 했던 문구와 내게 요청했던 문장 중에는 유독 "친절"에 대한 내용이나 단어가 많다. 내게 친절함이라는 덕목은 살아가는 데 있어 최우선으로 여기는 덕목은 아니었다. 그런데 외국인들과의 접점이 많아지고 깊어질수록 그들에게 타인에 대한 친절함은 매우 중요한 덕목임을 배우게 된다. 그녀의 문장이 일상을 대하는 그녀의 태도를 보여준다. 그녀와 나눈 대화의 속도, 또박또박하게 영어를 말하며 눈을 마주치는 태도에서 나에 대한 그녀의 친절함을 느낄 수 있었다.

그녀의 엄마인 수잔은 전날 다녀온 DDP 전시장에서 본 작품에 적혀있는 문구를 찍은 사진을 내게 보여주며 적어보고 싶다고 한다. "지금이 좋다." 그녀에게 깊은 인상을 남긴 게 분명한 이 문장은 그녀에게 어떤 의미였을까? 아마도 지금 이 순간, 딸과 손자와 함께하는 가족여행이 그녀에게는 '지금'으로 느껴지고 매우 편안하게 보인다. 가족만이 느낄 수 있는 편안함이 3명의 구성원 모두에게서 드러났고, 그 누구도 불편함을 전혀 느끼지 않는 상태인 지금. 나도 그때의 '지금'이 좋았다. 소란하지 않아서, 서두르지 않아서. 엄마가 딸을 좋아하고 할머니가 손자를 좋아하며, 그리고 딸이 엄마를 좋아하듯 손자가 할머니를 좋아하는 흐름이 어느 한 곳 막힘없이 흐르는 관계를 보여준 이 가족의 방문이 나의 지금을 더할 나위 없이 편안하게 한다.

9살 세바스찬이 모험하는 인생을 살고 싶다며 큰 붓을 작은 손으로 잡고 쓴 한글의 연습 흔적들을 작업실 바닥에 전시하듯 펼쳐 놓을 수 있어 좋고, 올리비아가 연습한 종이들을 나란히 쌓아놓아 준 것도 좋다. 차를 마시며 대화를 나누고 잠시 붓 대신 카메라를 잡고 아들의 모습을 담는 올리비아와 딸과 손자를 번갈아 바라보며 가족이 주는 기쁨을 음미하는 할머니의 표정은 멀지 않은 장래에 내 카메라 렌즈에 담고 싶은 명장면 중 한 컷이다.

가장 좋은 것이 아니면 어떤가, 그냥 좋은 것에 만족하는 것에 길들기를 바란다. 'best'에서 'better'에 만족하는 마음으로 나의 시간 안에 있는 내 가족들에게 매일 안부를 묻는다.

코로나의 검은 기운이 거의 물러갈 때 즈음인 2023년 6월을 전후해서 도장 수업만큼이나 붓으로 쓰는 한글을 써 내려가고 싶어 하는 분들의 예약이 늘었고 서울의 국내 여행사의 문의도 증가했다. 이스라엘에서 오신 부부 교수님과의 한글 쓰기 체험도 그렇게 해서 진행하게 되었다. 꽉 찬 당일 예약으로 인해 이른 아침에 시작하면서 한글의 자음과 모음에 대한 설명을 들은 후 붓으로 직접 적어보는 부부 교수님이 얼마나 진지하게 임하시는지. 학생이 되는 순간 호기심이 가득한 눈빛을 하고, 많은 질문을 하는 교수님.

자신의 이름 연습 후에 손자 손녀의 이름까지 연습하는 열정에 나의 호기심이 발동되었다. 환영 인사를 적어보기도 하고 판본체와 자유롭게 쓰는 스타일을 오고 가며 나의 인내심까지 테스트한다. 그리고 수업 끄트머리에 히브리어를 가르쳐 주겠다며 자음과 모음과 함께 내 이름까지 적어준 화선지는 내 작업실 벽면에 아직도 굳게 붙어 있다. 자신의 이름 대신 손자, 손녀의 이름이 적힌 화선지를 소중하게 접어가신 모습에서 흘러넘치는 내리사랑을 다시 확인하게 된다.

그분들이 고향에 가서 이 수업을 알려주셨는지 그 이후로 이스라엘에서 오시는 외국 분들이 늘어났다. 이유는 알 수 없지만, 왠지 그분들의 선한 영향력이라고 혼자 생각 중이다. 몸은 멀리 있지만 마음은 늘 가족에게 향하는 부부 교수님이 다음에는 그 예쁜 손자와 손녀와 함께 방문해 주시기를 기대해 본다.

또 다른 이스라엘 가족을 2023년 9월에 만났다. 아빠 토레르, 엄마 미렐라, 아들 아름막, 딸 아감프. 컴퓨터 디자인 교수인 미렐라는 공간 감각이 뛰어나서 처음 접하는 한글을 쓸 때 공간에 대한 이해가 탁월했고 "행운을 빌어요"를 적은 족자 속 한글의 구성은 그 누구보다 완성도가 높았다. 아름막의 "봄에 다시 꽃이 필 거야"도 좋았고 아감므의 "생일 축하해"를 적은 족자에 그려 넣은 꽃은 한글만큼이나 화사했다. 그중에서 "꿈은 이루어진다"를 쓴 토레르의 한글이 가장 마음에 들었다. 토레르의 꿈보다는 아들과 딸의 꿈을 응원하고 싶은 아빠의 마음으로 다가왔다.

2022년 8월에 만난 프랑스 가족과의 한글 족자 체험은 조금 달랐다. 그들이 영어를 전혀 하지 못했기 때문에 불어를 할 줄 아는 통역사가 함께 참여하며 수업을 도왔다. 통역사가 영어로 하는 내 설명을 그들에게 불어로 다시 통역하면서 체험은 시작되었고 시간은 다른 체험 수업보다 1.5배 더 소요되었지만 이보다 더 행복한 수업은 없었다. 예의 바름에 대한 정석을 내게 보여준 가족이었다. 조곤조곤 대화를 나누고 이견을 조율하는 사이 사이에 흐르는 피아노 연주와 묵향, 그리고 엄마

패드론, 아들 폴, 딸 로라의 붓 움직임이 어찌나 조화로 웠던지, 지금도 그들의 사진에는 그날의 조화로움이 묻어있다.

엄마 패트론의 족자에 적힌 "걱정하지 말아요"에 대한 대답인 것처럼 십 대의 폴은 "고마워요"를 족자에 적었고, 9살 로라의 족자에 "아름다운 인생"을 남기며 여행 속 행복했던 시간을 한글로 진하게 기록했다. 너무나 만족스러웠다고 하며 파리로 돌아간 패트론이 메일을 보내왔다. 각자의 방에 걸려 있는 족자와 로라의 이름을 적은 화선지를 넣은 액자 사진을 고맙다는 인사와 함께 보내오다니. 이보다 더 만족스러울 수 있을까. 지금이 좋은 이유가 매일 생긴다.

열흘 또는 2주간 정도의 가족여행 중 아주 짧은 2시간 정도 등장하는 체험진행자인 내게 보여주는 가족의 친절함을 결코 잊을 수가 없다. 손님이 된 내가 만나게 될 호스트에 대한 행동 요령의 지침이 되어 준다. 내 한글 족자 체험수업에 가장 많이 예약한 손님의 국적은 프랑스라는 것은 나만 아는 비밀이다. 물론 개인적인 선호도에 달려있기는 하겠지만 프랑스 국민이 가지고 있는 문화에 대한 호기심이 예민해서가 아닐지 조심스럽게 짐작해본다.

가족여행의 가장 보편적인 구성은 부모와 자녀들이 함께 하는 것인데 2023년 6월 16일에 미국에서 온 가족분들이 그러했다. 아빠 존, 엄마 매기, 아들 트렌트, 딸 미아. 각자 쓰고 싶은 문장을 준비해 오지 않았지만, 한글을 쓰면서 쓰고 싶은 단어를 발견했다. 딸 미아는 자신의 성과 이름을 족자에 쓰고 싶었고, 아들 트렌트는 "힘을 합쳐 헤쳐 나가"를, 엄마 매기는 함께 여행 중인 가족의 이름을, 그리고 아빠 존은 "내 가족"을 판본체로 아주 단단하게 족자에 담았다. 이 가족의 모습에서 가족여행의 필요한 모든 키워드가 들어있다. 힘을 합쳐 헤쳐나가야 할 구성원은 바로 우리 가족임을 보여준 아주 훌륭한 예시가 되는 듯하다.

서울에서 한글로 하나가 되는 즐거움을 야무지게 누렸다는 인사말이 아직도 선명하게 기억난다. 이 수업이 이번 한국 여행의 마지막 일정이라고 하는 말이 그날 수업에 대한 나와 그들의 만족도가 높았음을 알게 한다. 내 작업실 인증사진 찍을 수 있는 벽면 앞에서 4개의 족자를 들고 가족여행 마지막 날을 카메라에 담아간 존의 가족들은 안전하게 도착한 집 구석구석에 자신의 족자를 걸어 두었겠지.

이렇게 나는 수많은 가족을 만나고 이야기를 나누는 시간 속에서 지구 반대편에서 살아가고 있는 또 다른 가족의 모습이 이곳의 우리 가족의 모습과 별반 다름이 없음을 알아가고 있다. 여행에서 가족의 새로운 모습을 발견하고, 여행에서 가족 구성원의 애정도를 확인하는 시간만큼 인생에서 소중한 순간이 또 있을까? 그래서 나는 오래오래 가족여행을 준비하고 실행하며 그들과 함께 한 그 순간의 지금이 항상 옳았다는 것에 감사한다.

    가족여행은 단순히 새로운 장소를 방문하는 것 이상의 의미를 지닌다. 그것은 서로를 더 깊이 이해하고 함께 추억을 쌓으며, 가족만이 간직하고 있는 단단한 유대감을 확인하게 되는 소중한 기회임이 분명하다. 다양한 국적과 문화를 가진 가족들을 만나면서 가족의 보편적 가치와 사랑의 언어가 함께한 시간 안에서 깊어지는 것을 매일 바라보고 있는 지금이 나 역시, 참 좋다.

달을 향한 꿈 vs 별이 되는 삶

신입직원 연수나 팀빌딩을 위한 기업 워크숍을 진행할 때, 나는 사전에 참여자들의 좌우명이나 소망 문구를 받아 캘리그래피로 적은 카드를 준비해 간다. 워크숍 중에 새긴 자신의 도장을 준비한 카드에 찍으면서 다짐하고 새로운 각오를 공유하며 기업 이벤트는 마무리된다. 8여 년간 기업 워크숍을 진행하면서 만났던 수많은 문장 중 우연히 발견한 한 줄이 내게 큰 영감을 주었고, 그 이후로 많은 사람에게 그 문장을 소개하고 적어주었으며 여전히 애정하고 있다. "달을 향해 쏴라, 빗나가도 별이 될 테니." 작업실에서 외국인들과 수업할 때도 카드에 적을 문구가 생각나지 않는 손님들에게 꽤 많이 적어주었던 이 문장을 한글로 적어보고 싶다고 가져온 손님을 2024년 8월에 만나게 되었다.

프랑스에서 한국을 처음 방문한 그는 갓 대학생이 된 앳된 얼굴로 작업실 문을 들어섰다. 한국인 아빠와 프랑스인 엄마 사이에서 태어난 그는 불어와 영어, 그리고 한국어를 서툴게 할 줄 알았다. 프랑스에서 예술대학교에 다니고 있는 그는 여름방학을 맞아 서울에 왔고, 예술 관련 체험을 하고 싶어 내 수업을 신청했다고 한다. 그는 한국에 있는 예술가와 협업하고 싶은 꿈을 가지고 있었고, 인사동 갤러리를 구경하면서 자신의 열정을 전시장의 작가들에게 소개했지만, 선뜻 응해주는 작가를 만나지 못했다고 하며 내게 소개해 줄 디자인 관련 작가가 있는지를 물어왔다.

내가 아는 예술인은 캘리그래피를 하는 작가님들이라 그가 하고 싶어 하는 시계 디자인과는 조금 거리가 있다고 했다. 한글 자음과 모음의 자형에 매우 관심이 많은 그가 이름을 연습한 후 내게 족자에 적고 싶은 문장을 영어로 보여 주는데, 그게 바로 내가 좋아하는 위의 문장이었다. "이런 우연이"를 각자의 감탄사 언어로 표현하고 서로의 달에 관해 이야기를 나누었다.

결과를 겁내지 말고 그냥 해보는 것으로 다가왔고, 아무것도 시작하지 않은 것을 후회할 것 같은 내게 용기의 온도를 올려주는 주문 같은 문장이라고 설명했다. 그에게는 어떤 의미로 다가오는지가 궁금했다. 막 스무 살이 된 그는 서두를 것도 조급할 무엇도 없다고 한다. 무엇이든지 시도하고 설령 실패해도 멈추기에는 이른 나이니까. 기타를 독학으로 배우고 노래를 부르기도 하는 그의 예술적 기질은 부모로부터 받은 것 같지는 않다고 하며 제한하지도 제한받지도 않고 자신의 달을 향해 힘껏 쏘아 올리고 싶은 그의 에너지가 대단해 보였다. 그런 그와의 대화는 엄마와 아들 같은 나이의 차이에도 불구하고 막힘없이 잘 통했고, 같은 하늘의 달을 바라보고 있어서인지 기죽지 않은 그의 모습에서 분명 별을 만들어 낼 수 있을 것 같은 확신이 든다.

한글 족자 체험을 가장 많이 예약하는 나라를 꼽으라면 단연 프랑스이다. 그 이유를 정확하게 알 수는 없지만, 문화와 예술을 사랑하는 나라임은 분명한 듯하다. 2024년 7월에 방문한 아만딘 역시 프랑스에서 왔다. 그녀와의 오전 11시 수업은 내 착오로 인해 오후 2시로 미뤄졌다. 예약이 없는 줄 알고 늦은 출근을 하는 바람에 그녀와의 통화로 정중한 사과와 함께 오후 수업이 가능한지를 물었다. 얼마나 미안하고 미안한지 그녀의 얼굴을 보자마자 계속 미안해하는 나를 그녀가 안심시켜 주었다. 이런 일은 처음이라 멘붕 상태였던 나에게 괜찮다고 하는 그녀의 나긋한 음성이 지금도 고마울 따름이다.

그리고 오후에 시작된 그녀와의 한글 연습 시간에 그녀가 준비해 온 문구는 "고생 끝에 낙이 온다."였다. 왜 이 문장을 골랐는지 묻지 않았지만, 대화를 나누면서 조금 알 것 같았다. 터널이 없는 인생은 없다. 다행인 것은 터널은 끝이 보인다는 것이고, 아쉬운 것은 다시 터널을 만나게 된다는 것이다.

언젠가는 구름 뒤에 숨어 있는 해를 만나게 되어 있고, 비가 그치면 무지개를 볼 수도 있듯이 우리는 각자의 터널을 통과하는 중이라면 그 터널 끝에서 찬란한 빛 또한 우리를 기다리고 있다는 것을 이야기로 풀어내며 각자의 삶을 응원했다. 터널 다음에 다시 만날 터널을 위해 햇빛 아래서 신발 끈을 더 단단히 매고 걸어보자고 하며 서로의 등을 토닥거려주면서 이번 여행을 반대했던 그녀의 엄마 이야기를 들려준다.

혼자 서울 여행을 온다고 했을 때 엄마가 걱정을 많이 했다고 했다. 처음에는 일본에 있는 친구를 만나러 가면서 이틀 정도 들를 예정이라고 했고 들른 김에 일주일 정도 더 여행하겠다고 천천히 설득했다고 말해 주었다. 아주 현명한 딸이 아닐 수 없다. 그녀의 달은 무엇이기에 그토록 간절하게 엄마를 설득했는지 궁금하다.

이번 서울 방문이 다섯 번째라는 그녀는 남자친구와 같이 오려고 했던 계획이 무산되면서 다시 또 혼자

왔다고 했고, 내년에 남자친구와 꼭 다시 들르겠다는 약속을 남기고 머지않아 맞이할 즐거움의 '낙'이 쓰인 족자를 가지고 그녀의 길로 신발 끈 단단히 매고 나섰다. 그녀가 나선 길에서 달을 만나게 되면 좋겠고, 혹여 달에 도착하지 못했을지라도 스스로 반짝이는 별이 되어 아만딘만의 찬란한 인생을 채워가리라는 확신이 든다. 핸드폰 홀더를 미안한 마음을 대신에 건네자 매우 고맙게 받으며 고생한 그녀의 발을 위한 마사지를 받으러 명동으로 향했다. 정말 처음인 내 실수에 대한 너그러운 그녀의 이해심이 장맛비로 축축해진 감정과 글쓰기로 지쳐가던 체력의 바닥을 뽀송뽀송하게 끌어올려 준 오후였다.

2024년 6월 4일에 만난 크리스틴은 호주에서 혼자 여행을 왔다고 하며 한글 족자 수업을 신청했다. 호주에서 화가로 활동하고 있는 그녀는 자신의 작품을 인스타그램을 통해 보여주었고 "개천에서 용 난다"를 그림처럼 적어갔다. 그녀의 예술적 감각이 돋보였던 한글 족자를 완성한 후 즉석에서 먹물로 나를 그려준 그림은 내 작업실 책장 옆에 붙여져 있다. 닮은 것 같기도 하고 아닌 것 같은 나로.

2024년 5월에 만난 크리스티나 역시 프랑스에서 싱글 여행을 왔다. "함께라면 웃을 수 있다"라는 문장은 그녀가 국립박물관에서 본 임금님의 그릇 문양인 오얏꽃을 경복궁에서 다시 보았을 때 느낀 감동을 표현한 것이라고 설명했다. 그녀는 한국을 방문하게 된 것에 대해 매우 행복해했고, 그녀의 진정성은 한글을 쓰는 자세에도 드러났다.

인도에서 온 스니그다는 3일간의 짧은 서울 여행 기간 중이었던 2023년 11월에 나를 찾아와서 한글을 쓰고 싶어 했다. "생길 거야 좋은 일 포기하지 마"를 연습하면서 그녀는 절대 포기하지 않았고 연습이 완벽함을 만든다며 성실하게 연습했고 완성한 족자에 연습한 종이까지 꼼꼼히 챙겨서 가방 깊숙이 넣어갔다.

프랑스에서 혼자 6주간 한국 여행을 온 셀린을 2023년 7월에 이어 8월에 다시 만났다. 이번이 두 번째 방문이라는 그녀는 2022년 9월부터 한글을 배우기 시작했고 한국의 친절함과 산과 환경에 반해 다시 오게 되었다고 한다. 그녀의 이번 여행에 통영, 경주, 속초, 순천을 돌았고 내일 집으로 돌아가는 마지막 날에 다시 내 작업실을 찾아온 그녀가 무척 반갑다.

그녀는 통영이 가장 좋았다고 하며 속초에서 설악산을 하이킹할 때 한국 가족 5명을 만났는데 그들이 한국어로 자신에게 말을 걸어 주며 "엄마"라고 부르라고 했을 때 한국 사람이 전하는 매우 따뜻함을 느꼈다고 한다. 산행하는 동안 함께 등반을 마치고 점심까지 함께했다며 그 가족사진을 보여주는 그녀의 표정에서 정말 한국을 좋아하는 셀린의 진심이 전해진다.

한국어 말하기가 듣기보다 더 어렵다고 한 그녀는 "멈추지 말고 계속 가라"를 족자에 적을 문구로 준비해

왔다. 어쩌면 그녀의 성품과 딱 맞아떨어지는지 모르겠다. 그렇게 그녀의 한국에서의 마지막 시간을 나와 보내준 것이 내게 영광이라고 전하며 족자에 적은 그 문장을 부채에 적어 그녀에게 선물로 건네주었다. 우리 다 같이 꿈을 향해 멈추지 말고 계속 가보기로 하자, 뭐가 돼도 될 테니까.

각자의 꿈을 향해 달려가는 이들의 모습에서, 달을 향해 쏘아 올린 화살이 비록 빗나가더라도, 그 과정에서 우리는 별이 될 수 있다는 것. 그리고 그 별들이 모여 우리의 삶을 밝히는 은하수가 된다는 것을 알아버렸다.

이 작은 작업실이 나의 손님들에게 한글을 경험하는 단순한 문화 교류를 넘어, 더 많은 이들의 긍정의 힘을 담아 그들의 남은 여정을 다시 정리하는 쉼터가 되었으면 한다.

3장

Hello, My Name Is

품격 있는 당신의 이름

먹물을 고스란히 받아내며 화선지에 스며드는 붓의 흔적이 좋았다. 그래서 묵향으로 충분할 줄 알았던 작업실에 칼의 새김으로 기록되는 돌이 하나씩 쌓여갈 줄은 몰랐다. 캘리그래피 전시에 필요해서 새김을 배웠고 돌에 새겨보면서 이 또한 쉽지 않았기에 붓을 잡는 손으로 만족하려고 했다. 손으로 자신의 이름을 새기는 도장을 한국을 찾은 외국인들에게 소개하는 아이템은 내 사업계획서에 들어 있지 않았다. 그런데 어느 날부터 칼을 잡을 기회가 조금씩 늘어나더니 일상이 칼잡이가 되었다. 사업계획서의 해외시장 개척을 서울의 내 작업실에서 시작하기로 마음먹었다. 그리고 한글 체험 수업을 2018년 1월, 같은 해 4월에 자신의 이름을 직접 새기는 도장 체험 수업을 오픈했다.

그렇게 시작된 도장 체험 수업의 첫 번째 손님, 린다를 2018년 5월 셋째 주 일요일에 만났다. 벨기에에서 온 그녀는 멀리서도 보일 만큼 큰 키에 에너지 넘치는 서글서글한 성격이었다. 아주 오래전 브뤼셀을 방문한 기억을 더듬어 벨기에의 진한 초콜릿과 오줌싸개 동상, 'Manneken-Pis'로 대화를 시작하였고, 첫 만남의 어색함이 어느 정도 편안함으로 전환되자 속도감 있게 이야기를 주고받으며 수업을 할 수 있었다. 그러면서 그녀가 들려준 새로운 사실은 '소년 오줌싸개 동상'만 있는 것이 아니라는 것. 반대편 가까운 곳에 '소녀 오줌싸개 동상'이 있으며 '오줌싸개 강아지 동상'의 소식을 전해 주었다. 좁은 골목길 사이에 늘어서 있던 아기자기한 가게 창문을 통해 보았던 하얀 레이스와 어디를 찍어도 사진엽서가 되어주는 거리가 내게 남아있는 브뤼셀에 대한 오래된 기억이다.

우리의 브뤼셀 이야기는 처음 진행하는 도장 수업에 대한 서로의 긴장감을 진정시키는 데 도움이 되었고, 그녀와의 2시간 수업이 어느 정도 편안할 거라고 예상되었다. 두 번째 서울 방문이라는 린다는 한글로 자신의 이름을 쓸 줄 알았고 캘리그래피에 대해서도 많은 관심을 보이더니 내가 제작한 2018년 달력을 구매했다.

　꼼꼼하게 새기고 세심하게 수정한 그녀의 도장은 아주 근사하게 마무리되었고, 그녀의 충만했던 긍정 에너지를 선물처럼 내게 전해 주며 자신의 두 번째 서울 여행 속으로 떠났다. 로컬크리에이터가 아니었다면 15시간을 날아온 먼 나라의 린다와 한국의 문화를 공유하는 이 경험을 어떻게 할 수 있었을까. "이 수업을 강력 추천합니다. 나는 멋진 시간을 보냈고, 유익하고 창의적이며 완전히 새로웠습니다. 나는 헬렌이 매우 인내심 있고 격려를 잘해주어서 잘 마칠 수 있었습니다. 당신이 스스로 시도할 수 있게 도와주고 조언해 주는 것이 좋았습니다. 정말 멋진 경험이었습니다." 도장 체험을 참여한 첫 손님인 그녀는 내 용기의 온도를 1도를 올려주고도 남을 고마운 후기를 첫 번째로 남겨주었다. 내년에 다시 브뤼셀에 갈 준비를 한다, 그녀의 추천 여행코스를 따라서, 그리고 오줌싸개 소녀와 강아지를 만나러.

 2019년 11월에 만난 카니슈타의 눈에 띄는 외모는 일반인처럼 보이지 않았다. 늘씬한 키에 남다른 패션 감각을 드러내며 나타난 그녀는 인도 출신의 10년 경력의 모델이었다. 차분함 속에 섬세함이 있었고 예민함 속에 여유를 보여준 카니슈타의 뜻은 '영원한 젊음'이라고 알려준다. 그녀의 섬세함과 예민함이 완성도 높은 새김으로 이어졌고 소질이 있다는 내 칭찬에 모델을 그만두면 도장 새기는 일을 생각해 보겠다고 한다. 인도 부모님들도 한국 부모님과 마찬가지로 원하는 자녀들의 직업군이 있다고 하며 대학에서 경제 관련 공부한 이야기를 들려주었다.

하지만 전공과 무관한 모델로 활동하고 있는 그녀의 얼굴에서 자신의 꿈을 따라가는 사람들에게서 드러나는 단단한 에너지가 발산되고 있었다. 모델이라는 직업 특성상 음식 열량에 대한 많은 제한이 있어서 준비해 놓은 쿠키 대신 석 잔의 녹차로 약간의 허기짐을 달래보는 그녀에게 이것 또한 모델의 꿈을 만들어가는 즐거움 중 하나인 듯했다. 그리고 작업실을 떠나며 마하트마 간디의 "평화의 방법으로 세상을 바꿀 수 있다."를 내게 남겨주었다. 그녀의 이름처럼 영원한 젊음으로 자신의 꿈을 따라가고 있는 그녀의 여정에 응원을 보내고 싶다.

2019년 12월, 추웠으나 맑았던 어느 날 호주에서 교환학생으로 온 숀을 만났다. 처음으로 겨울 크리스마스를 경험할 생각에 들뜬 그는 공부를 마치고 돌아가는 내년 2월에 여자친구, 틴시에게 줄 기념품으로 직접 만들어 주는 도장을 선택했다. 틴시의 의미는 '천사'라고 하며 '1004'와 '천사'를 측면에도 새겼다. 그리고 그녀에게 전해 주고 싶은 메시지가 있다며 "네 목표가 이뤄졌을 때 이 도장을 찍어줘"라고 내게 보여주었다. 천사 같은 여자친구의 목표가 무엇이든지 천사 틴시를 응원하는 손은 틴시를 지켜주는 젠틀맨 기사로 보였다.

2022년 1월의 어느 화창한 목요일에 경북대학교에서 교환학생으로 공부하고 있는 스무 살의 아셈이 작업실 문을 열고 들어섰다. 그녀는 카자흐스탄에서 온 첫 번째 손님이었고 한 학기를 마쳤으며, 6월에 2학기를 마치면 다시 고향으로 돌아갈 예정이라고 했다.

히잡을 쓰고 놀라운 한국어 실력을 선보인 그녀와 한국어로 수업할 수 있었고, 겨울방학 중 잠시 들른 서울 여행 추천코스 중 인사동 주변의 관광지를 소개해 달라고 하는 그녀에게 경복궁과 남산타워 그리고 서울 공예박물관을 추천했다. 추운 날씨 탓에 궁 나들이는 힘들겠다고 하는 아셈과 3분 거리에 있는 서울 공예박물관까지 동행하며 주변의 아기자기한 카페와 마카롱 맛집 추천을 덤으로 알려주었다.

사실, 그녀의 엄마는 코로나 시기에 딸의 한국행을 반기지 않았지만, 자신의 고집이 엄마를 설득했고 마침내 교환학생으로 '비즈니스'를 공부하고 있다는 아셈. '아름답다'라는 그녀의 이름의 뜻처럼 그녀의 선택은 후회 없는 아름다움이 될 것이고, 그녀의 결단은 더 아름다운 곳으로 그녀를 이끌어 가겠지. 본국으로 돌아가면 계속 공부를 이어가고 싶다고 말한 그녀는 공부가 좋다고 한다. 공부하기에 바빠 서울이 처음인 그녀에게 그녀의 엄마 마음을 대신해서 전했다, "아셈, 네가 정말 자랑스러워"라고.

긴장감이 가득했던 처음 시작의 분위기는 시간이 흐를수록 엄마와 친구 딸 같은 모습으로 바뀌며 체험이 진행되었고, 아셈이 제일 좋아하는 떡볶이의 매운맛과 비빔밥 먹방 이야기로 흘러갔으며, 카자흐스탄의 대표 음식을 사진으로 보여주며 한국의 보쌈과 비슷하다고 소개하는 것으로 마무리되었다. 코로나에 마침표가 찍히게 되면 서울에서 5시간밖에 걸리지 않는 그녀의 고향을 방문해 달라한다. 그녀의 부모님이 좋아하실 거라며. 아셈의 아름다움은 어떤 어려움에도 절대 주저하지 않을 강한 의지에 뿌리를 두고 있음이 분명하다.

2022년 12월 마지막 날, 2명의 외국인이 도장 수업을 예약했으나 노쇼로 인해 알렉산드리아와 둘이서 아주 프라이빗한 체험을 시작했다. 프랑스의 한 대학에서 불어를 가르치는 51살의 교수라고 소개한 그녀는 혼자서 무엇이든 즐길 줄 아는 아주 독립적인 여성이었다. 알렉산드리아는 그리스신화의 전쟁에서 승리한 여전사의 이름이라고 소개했다. 그녀와 여전사 알렉산드리아가 정말 찰떡같이 잘 어울린다.

선생님답게 설명도 잘 듣고 디자인도 꼼꼼하게 잘 했으나 노안의 시기를 맞이한 그녀에게 돋보기의 부재는 그녀의 새김을 어렵게 했다. 그래서 내가 "너를 돕기 위해 여기에 있는 거야"라고 하며 그녀가 약해진 시력에 실망하지 않도록 적극적인 도움을 주었다.

한국어 캘리그래피도 배워보고 싶다고 했던 그녀는 여행의 마지막 날에 우리가 만난 것을 몹시 아쉬워했다. 그녀의 제자들은 교수님의 한국방문 기념선물로 BTS 사진엽서를 사달라고 했다는데 제자들을 만족스럽게 할 선물을 잘 구입했는지 모르겠다. 그녀는 절도가 있었고 궁금한 것에 대한 적절한 질문을 했으며 나의 캘리그래피 경력에 대해서 그리고 은행원으로서의 만족도와 지금의 만족도를 궁금해했다. 후자의 만족도가 월등하다고 답한 내 대답을 그녀는 이미 예상했다는 듯 고개를 끄덕였다.

혼자 하는 여행에 외로움은 없냐고 물었던 나의 질문에 전혀 없다고 말하는 알렉산드라에게서 삶을 조율할 줄 아는 그녀만의 지혜가 느껴졌다. 불안정한 인생 여정에 마주하게 되는 외로움은 당연한 감정이며 결코 부정적인 단어가 아닌, 혼자일 때만 경험하는 평안의 여백으로 풀이해도 되지 않을까.

그녀는 읽을 수 없는 나의 첫 번째 책을 펼쳐보며 영감을 받았다 했고, 나는 그녀의 여전사 같은 용기에 도전받았다고 하며, 마음이 들려주는 속삭임을 서로 교환한 하루였다.

이름은 단순한 호칭 이상의 의미를 품고 있다. 각각의 이름은 그 사람의 정체성과 삶의 태도를 반영하는 거울이 되고, 때로는 그들의 운명을 암시하는 예언이 되기도 한다. 그러한 이름을 돌에 새기며 그들이 들려주는 그 고유한 이야기를 통해, 세상을 살아가는 그들만의 방식과 태도가 그 고유한 이름의 품격이 되어가고 있음을 느끼게 된다.

심각하게 살지 마

　새김의 도구를 잡고 돌에 이름을 새기는 작업을 하면서 사람 고유의 이름에 관심을 두게 되었다. 내 작업실을 방문하는 외국인의 이름의 뜻이 늘 궁금하다. 그래서 종종 그들의 이름이 가진 뜻을 물어보곤 하는데, 뜻이 있는 경우보다 그렇지 않은 경우가 적지 않다.

　내가 어릴 때는 귀하고 좋은 뜻의 한자로 이름을 짓는 경우가 많았다. 좋은 의미로 많이 불리며 자라 성공하기를 바라는 마음으로 말이다. 프랑스로 입양된 가브리엘을 만난 건 2018년 깊어진 가을날이었다. 예술에 관심이 많아 보인 그녀는 임신 중이었고, 그녀의 남편 에릭은 그림을 그리는 일을 한다며 자신의 작품을 하나하나 보여주었다. 손으로 무언가 탄생시키는 것을 좋아해서인지 새긴 도장을 그의 작품에 찍을 거라며 창의적인 디자인을 만들었다. 디자인은 훌륭했으나 돋보기를 준비해 오지 않아 수정할 때 매우 힘들어했다. 그때를 위해 준비된 호스트인 나의 도움을 적절하게 활용해서 근사한 가브리엘의 도장이 완성되었다.

가브리엘은 글자와 그림을 함께 돌에 새겼다. 물방울을 손으로 받치고 있는 형상의 디자인이었는데, 마치 엄마가 아이를 두 손으로 안전하게 받치고 있는 분위기가 느껴졌다. 그녀가 어린 시절 받지 못했던 안전함을 그녀의 아이에게 주고 싶어서일까? 그런 그녀가 "인생이 춤과 같다"라고 한다. 딱딱하게 고정된 직선이 아닌 흔들리며 바람 부는 대로 나부끼는 곡선에서 자유로움을 느끼는 듯하다. 갈고 닦고 다듬어진 정제된 선 말고 구불텅해서 어디에서 시작해도 잘 티가 나지 않는 선에서 편안함을 찾고 싶은 내 욕구를 그녀의 한 줄 문장에서 보았다.

몸으로 추는 춤은 잘하지 못하나, 남은 여정에 붓이 대신 추는 춤도 괜찮지 않을까를 눈 감고 생각하게 된다.

2019년 12월 크리스마스 이브날 만난 스티나와 그

녀의 아들 팀을 잊을 수가 없다. 스웨덴에서 온 스티나는 체험 수업을 하기 전, 10살 아들 팀이 도장 새기는 도구를 다루는 데 어려움이 없을지를 물어왔었고, 예약 시간을 맞추기 어려워하는 그들을 위해 새로운 스케줄을 만들어 제공했다.

얼굴을 마주 보기 전, 이미 메시지를 통해 대화를 주고받은 사이가 되었고 예약 시간보다 일찍 태릉입구역에 도착한 모자는 가까운 쌀국수 식당에서 식사를 마쳤다는 메시지를 보내와, 그 식당으로 마중을 나갔다. 그곳에는 외국인 손님은 없었고, 10살가량의 소년이 동양인 여성과 함께 있었다. 그녀는 스웨덴으로 입양되었고, 2년 전 한국에서 1년 정도 살면서 연세어학당을 다녔으며, 그녀의 한국 이름은 윤희라고 소개했다.

소띠인 그녀와 그녀의 아들 팀은 띠동갑이었다. 10살 아들은 엄마와의 같은 소띠인 것을 서로를 아주 강력하게 묶어주는 신호로 여겼고, 돼지띠인 아빠가 아닌 엄마와 공통점이 하나 더 있다는 것이 팀에게는 자랑인 듯했다. 설명보다 칼을 잡고 실전으로 빨리 뛰어들고 싶은 팀은 "팀"이라는 한 음절을 한 번의 디자인으로 신속하게 정하고 실전으로 지체없이 들어갔다.

스티나는 10개의 디자인을 집에서부터 준비해왔고, 나의 의견과 그녀의 고민이 담긴 합의를 디자인에 담아 고심 끝에 만들어 냈고 돌에 새겼다. 노르딕에 근무하는 그녀는 일에 대한 스트레스가 상당하다고 했다. 한국에서 아들과의 3주 휴가가 그녀의 스트레스 해소에 큰 역할을 하고 있다고 하며, "심각하게 살지 마"를 카드에 적어주기를 요청했다.

그녀는 정말 잘살고 있었다. 그녀를 향한 나의 눈빛이 미안해진다. '입양'이라는 단어만으로 속단하고 추측하며 선입견을 품었던 내가 부끄러웠다. 그녀는 그녀만의 방식으로 잘 살아가고 있으며, 행복한 가정 안에서 사랑스러운 아들과 그리고 듬직한 남편과 함께 멋지게 살고 있는데 말이다. 심각하게 살지 않는 그녀의 삶이 한없이 부러워지고, 쓸데없는 편견을 가지고 사느라 나는 더 무거웠나 보다.

그리고 우리는 피부관리에 대한 고민을 나누었고, 그녀는 소개해 줄 피부과가 있으면 알려달라고 했다. 우리의 대화를 옆에서 들으며 팀은 하트 반쪽과 크리스마스트리를 돌의 측면에 새기며, 엄마에게도 새기라고 부탁했다. 그렇게 스티나와 팀은 크리스마스이브를 내 작업실에서 함께 기념했다.

인사동으로 작업실을 옮긴다는 나의 걱정에 그녀는 훨씬 더 많은 방문객이 올 거라며 걱정하지 말라고 격려와 응원을 아낌없이 해주었다. 그리고 프로그램 소개 글에 "칼" 대신 "도구"라는 단어로 바꾸면 가족들의 예약이 늘 거라고 조언도 해 주었다. 외국인 방문객에게 처음 들은 구체적인 피드백이었고, 좋은 아이디어였다. 나의 솔로 여행지로 베를린을 선택한 데에는 그녀의 영향이 컸다. 베를린의 다양한 박물관과 독특한 분위기를 경험해보라는 그녀의 제안에 나는 설득당한 기록을 남겼고 그렇게 나의 첫 솔로 여행지는 베를린이 되었다.

스웨덴에서의 크리스마스는 한국의 설날처럼 온 가족이 함께 모여 잠을 자며 음식을 나누는 날인데, 혼자 크리스마스를 맞이할 남편에게 미안하다고 했다. 그러더니 갑자기 스웨덴에 있는 남편과 화상 통화를 시도했고, 팀은 시차로 인해 자다 깬 아빠를 내게 소개하며 인사를 나누는 색다른 경험을 제공했다. 어색함을 이긴 유쾌한 경험이었고, 크리스마스이브에 꼭 어울리는 행복한 가족의 한 컷이 내 작업실에서 연출되다니, 두고두고 기억하게 될 잘 크리스마스이브의 소중하고 포근한 장면이다.

보통 두 시간 진행되는 수업이 세 시간으로도 모자랐다. 함께 사진을 찍은 후 스티나는 "스톡홀름에 오면 꼭 연락 주세요"라고 마음을 전했고, 내가 만난 초등학생 손님 중에 가장 사랑스러운 손님, 팀의 두 번의 포옹을 받고 헤어졌다. 스티나는 그 후로도 다른 도시의 여행에 대한 감동을 전해 주었고, 집으로 돌아온 팀은 한국에서의 가장 좋았던 기억으로 나와의 수업을 꼽았다는 잊지 못할 후기를 남겨주기도 했다. 나의 다음 여행지를 스웨덴으로 정할까 보다.

2024년 유월의 어느 수요일 오전을 함께한 커플은 프랑스에서 온 자카리와 앨리스였다. 프랑스로 입양된 자카리의 양부모님은 자카리의 한국 이름인 용수를 중간 이름으로 넣어주었고, 지금까지 사용하고 있다고 한다. 기록으로만 남겨질 뻔했던 한국의 이름을 끄집어내어 숨 쉬게 해 준 양부모님께 감사함이 크다고 한다.

2022년 10월, 네덜란드로 입양된 웬델말선은

2012년 친엄마를 찾은 후부터 한국을 자주 온다고 했다. 한식을 정말 좋아하는데, 네덜란드의 한인 식당은 너무 비싸서 1인당 8만 원 정도의 비용이 든다고 한다. 한국을 자주 방문하는 이유에 한식에 대한 그리움이 높은 순위에 있다고 하며 서울의 외식 비용이 저렴하다고 한 그녀의 카드에는 이렇게 적혀 있다. "What will be, what will." 일어날 일에 대해 너무 고민하지도 너무 힘들어하지 말고, 흐르는 물처럼 흘러가고 싶은 그녀의 바람처럼 다가온다.

    2023년 크리스마스, 프랑스로 입양된 플로렌스와 그녀의 딸 요나를 만났다. 입양되고 처음으로 한국을 찾았다는 그녀에게는 기록으로 남아있는 한국 이름이 있으며, 한자로 '은혜'가 적혀있었다. 도장을 새기고 난 후, 그녀가 카드에 적어달라고 내게 주었던 단어는 "Reborn"이었다. 은혜를 펼치고 싶었던 그녀의 기록 속 한글 이름의 뜻과 크리스마스의 메시지가 오버랩되어 내게 다가온다.

보통 "이번 생은 틀렸다, 다음 생에 잘해 보자"라고 말하곤 하지만, 그녀의 Reborn은 이번 생에서 다시 태어나는 것이라고 했다. 겨울에 부는 칼바람이 그녀의 생각을 시리게 할지라도, 마음만은 함께 온 딸과 더불어 크리스마스의 축복이 가득했으면 한다. 새로운 은혜로 다시 태어난 날이 오늘부터라고 전하고 싶었다.

2024년 7월, 장마로 빗속의 여행을 하는 프랑스 가족을 만났다. 그들은 자신들만의 수업을 하기 위해 프라이빗 수업으로 예약하고 등장한 마리아, 토마스, 그리고 토마스의 딸 마닐리스였다. 토마스는 동양 문화에 높은 관심을 가지고 중국의 한자와 일본의 간지도 알고 있었고, 한글의 자음을 어느 정도 공부해서 왔다고 하며 자신의 한국어책을 보여주기도 한다. 매우 유머러스한 토마스와 무한 긍정의 표정을 지닌 마닐리스, 그리고 서두르지 않는 마리아에게는 차분한 목소리와 느긋한 표정이 있었다.

궁금한 것이 있으면 바로 질문하는 토마스와 달리, 마리아의 궁금증은 '한국인들은 왜 입양자들을 슬픈 눈으로 보는가'였다. 외국에 사는 입양인들은 한국 사람들이 생각하는 것처럼 불행하지도, 슬픔이 가득하지도 않다고 말한다. 그녀의 그 말에 나는 뒤통수를 한 대 얻어맞은 기분이었다. 여전히 나는 그런 눈빛으로 그들을 바라보았구나. 한국에서는 입양자들의 애달픈 이야기를 소개하는데, 실제로 그들은 자신의 삶을 성공적으로 이끌어가며 충분한 행복감을 느끼고 있다고 마리아는 단호하게 말한다.

한국 사람들이 자신들을 매우 불쌍하게 여긴다고, 그러나 그럴 필요가 없다고 말한다. 이 말을 얼마나 하고 싶었을까. "행복"이라고 적은 족자에 자신이 새긴 한글 이름 도장을 단정하게 찍어간다. 이제 우리의 시선을 조금 세련되게 다듬을 때가 되었나 보다. 뭐든 나부터 시작하면 되니까, 편견에 지배받지 않기 업그레이드 버튼을 클릭한다.

내 수업을 통해 만났던 많은 한국계 외국인들에 대한 시선을 편견 없이 그냥 여행하는 외국인으로 바라보기로. 매일 만나는 외국인들에게 모두 영어로 대화하듯 말이다. 그녀는 자신의 한글 이름으로 도장을 새기고 나서, 내년에 혼자 다시 찾아오겠다는 말로 끝인사를 하고 작업실을 떠났다. 다시 만났을 때 나는 오늘보다 더 세련된 시선으로 그녀를 맞이하리라.

이름 하나에 담긴 의미와 이야기가 이토록 깊고 풍부할 수 있다는 것, 그리고 그 이름들이 모여 만들어 내는 세상의 다양성과 아름다움을 다시 한번 느낄 수 있었다. 특히 입양인들과의 만남은 나의 고정관념을 깨는 소중한 경험이 되었다. 그들의 삶이 우리가 생각하는 것보다 훨씬 더 다채롭고 행복할 수 있다는 것, 그리고 그들 역시 자신만의 방식으로 정체성을 만들어 가고 있다는 사실을 배웠다.

내일도 이 작업실은 단순히 도장을 만드는 곳이

아닌, 서로의 이야기를 나누고 서로를 이해하는 공간으로 존재할 것이다. 그리고 나는 이곳에서 만나는 모든 이들의 이름과 이야기를 더욱 열린 마음으로, 더욱 세련된 시선으로 바라볼 준비를 한다.

함께 해서 더 행복한,
우리는 가족입니다.

    2019년 1월, 겨울의 진정한 맛을 보여주던 날에 엘리자벳이 SUV 차량을 운전하고 태릉의 서울 여성 공예 센터로 들어섰다. 주차장에서 그녀와 일행들을 맞이했다. 차에서 내린 그녀는 임신 9개월의 만삭이었고, 함께 내린 세 명의 여성들은 그녀의 이모들이었다. 2월 28일 출산 예정에 맞춰 미국에서 방문한 이모들을 위해 그녀의 남편이 도장 만들기 체험을 신청했다. 엘리자벳의 엄마는 2월에 올 예정이라, 이모들과의 서울 투어 일정에 깜짝 이벤트로 선택된 도장 만들기 체험이 그동안 나누지 못했던 이야기를 풀어낼 공간이 되었다.

    평균 연령이 대략 65세로 보이는 비키, 브렌다, 데보라 이모님들과의 수업은 마치 미국 드라마에서 볼 법한 퀼팅을 하며 수다 떠는 장면처럼 내 작업실에서 펼쳐졌고, 나 또한 그 모임의 신입 회원이 되어 대화에 간간이 참여했다. 돋보기가 필요했던 이모님들은 준비해 오지 않았고, 이모들은 걱정이 없었으나 내 걱정의 무게는 서서히 늘어갔다. 결국 3명의 이모님을 위한 새김은 내 몫이 되었지만, 그분들의 유쾌한 입담이 작업실 분위기를 활기차게 만들었고, 끊이지 않는 웃음소리에 마치 내 수업이 재미있어서 웃는 듯한 착각마저 들었다.

운전을 하고 세 명의 이모들을 챙기느라 도장을 새기기 전부터 기력이 소진된 엘리자벳의 새김 속도는 상당히 느렸다. 이모들의 도장이 다 완성된 후, 다시 나의 손은 엘리자벳의 도장을 쥐고 있었다. 나의 도움을 받은 그녀는, 그녀가 내게 줄 수 있는 도움을 주었다. 경기도 한 대학교의 영어과 교수인 그녀는 내게 영어 공부에 도움이 되는 방법으로, 미국 드라마나 테드톡을 청취해 보라고 조언했다. 내가 테드를 본격적으로 청취하기 시작한 때가 바로 이 날이다.

나의 손은 엘리자벳의 도장 새김을 도우면서, 내 귀는 미국의 이모님들과 한국의 이모님들 사이의 차이가 전혀 없음을 이해하고 있었다. 전날 간 찜질방에서 때를 밀었던 상쾌한 경험과 맛있는 삼계탕은 탁월한 선택이었다고 먹방 후기까지 들려주셨다. 그러나 미역국은 입맛에 맞지 않았다고 말하는 데보라 이모에게 한국에서 미역국을 어떻게 애용하는지에 대한 자세한 설명은 내가 맡았다. 한국에서는 임신한 딸을 위해 엄마가 미역을 준비하고, 젖을 만들기 위해 출산 후 꾸준히 미역국을 먹는다고, 나 또한 3개월 동안 삼시 세끼를 먹었다는 말에 그녀는 "No way"를 외쳤다, 엄마가 되는 일은 쉽지 않다고 하면서.

직선을 새기는 도구로 연습하면서 케이크를 자르는 것 같다고도 하고, 반전 이미지를 만드는 것도 걱정하며 스트레스를 받는다고 했다. 그러나 나의 절대적인 도움으로 완성된 도장을 붉은색 인주에 묻혀 찍고 나서야 그녀들의 스트레스 지수는 즐거움의 지수로 전환되었다.

한국 음식 중 무엇을 제일 좋아하느냐는 질문에 너무 많아서 고민하다 답을 알려주지 않은 채, 다음 목적지인 강릉으로 출발했다. 엘리자벳은 그녀를 사랑하는 사람들에 대한 고마움을 수업하는 내내 표현했고, 다가오는 친정엄마와의 상봉에 기대감을 감추지 않았다. '이모(姨母)'의 한자를 보면 엄마의 자매 역시 엄마이지 않은가. 엄마를 대신해 엘리자벳의 출산을 돕기 위해 먼저 온 또 다른 세 명의 엄마들과의 시간에, 한글로 새기는 도장 체험이 끼어들 기회가 생겨 다행스러운 하루를 보냈다.

2017년 12월 금요일, 자하 하디드가 설계한 동대문 DDP를 구경하고 전철이 아닌 105번 버스를 타고 온 그들은 4명이 아닌 3명인 가족이었다. 독일에서 온 엄마 알렉스는 두 달 전 이 수업을 4명으로 예약했는데, 아들

다니엘이 열이 나서 불참하게 된 이유를 설명했다.

지난 8월부터 서울대 교환학생으로 공부하고 있는 다니엘을 방문하기 위해 처음으로 서울을 찾은 가족들에게 특별한 선물을 주고 싶어서 그녀가 준비한 이벤트였으나, 아들이 함께 하지 못한 아쉬움이 커 보였다. 아들 다니엘의 도장까지 새기려는 열심을 보였지만 쉽지 않았던 알렉스는 결국 내게 도움을 청했고 그녀를 대신해 엄마 알렉스의 마음으로 아들 '다니엘'을 깊고 선명하게 돌에 새겼다. 다니엘이 좋아했을지 궁금하다.

그리고 "시간은 돈이 아니라 꿀이다"라는 달콤한 메시지가 적힌 카드에 단단하게 새긴 가족 구성원들의 돌 도장을 빈틈없이 찍어갔다. 가족과 함께하는 시간이야말로 꿀과 같은 시간이 아니겠는가. 그 당시 베를린과 뮌헨 중 어느 곳으로 여행을 갈까 고민하는 나에게, 아빠 마틴은 뮌헨을, 딸 아니나는 베를린을 추천했다. 선택을 더 어렵게 만든 대답을 남기고 행복한 가족여행 속으로 길을 나섰다. 다니엘이 얼른 회복해서 남은 시간에는 그도 합류하게 되었으면 하는 바람이 들었다.

    2020년 1월 설 연휴가 시작되기 전날, 23살의 쉘비와 그녀보다 35살 많은 새넌이 텍사스에서 서울로 날아와 내 작업실에 잠시 머물렀다. 서산에서 영어 선생님으로 일하고 있는 딸과 하나뿐인 딸을 만나러 온 엄마와의 14일간의 서울 여행이 시작되었고, 그들의 여행 중 잠깐 나와의 시간을 준비한 건 쉘비였다.

    조용하고 순해 보이는 쉘비를 보며 궁금해졌다, 사춘기는 없었는지? 쉘비는 매우 착하게 청소년기를 보냈다고 엄마 새넌이 말해주었다. 외동딸이 한국에 간다고 했을 때 새넌은 반대하지 않았고, 만약 한국 남자와 결혼해도 상관없다고 하며 사위가 귀여울 것 같다고 웃는 새넌의 표정이 쉘비와 참 많이 닮은 모녀였다.
    나의 배경 이야기를 듣고 나서 새넌도 은행에서 6년을 근무했다고 들려주었다. 쉘비가 알레르기가 심해 아이들을 돌보는 어린이집에 보낼 수 없어서 은행을 떠났다고 했다. "쉘비, 엄마에게 잘해야겠어요."라고 했더니 쉘비는 그렇다고 인정하며, 그래서 이 수업 또한 효도의 한 부분이라고 했다. 이런 깜짝 우연은 나만의 경험할 수 있는 즐거움이 아닐 수 없다. 공통점이 참으로 많은 손님임이 분명했다. 딸이면서 엄마이고, 은행원 경력이 있으며, 거기에 크리스천이기까지. 잊힐 수 없는 인연의 손님이 아닌가.

변치 않는 마음을 돌에 새기듯, 그들의 이름을 새긴 도장을 서로의 마음을 전하는 카드에 찍어 전했다. 엄마는 딸에게 "그가 너를 그의 깃으로 덮으시리니 네가 그의 날개 아래에 피하리로다. 그의 진실함은 방패와 손 방패가 되시나니. 시편 91:4"를 그리고 "First my mother, forever my friend!" 쉘비가 전한 이 카드를 받은 새넌은 두 손으로 얼굴을 감싸고 감격하며 너무 행복해했다. 그 감동은 그 자리에 있었던 내게로 밀려들었다. 세상의 모든 엄마가 딸에게서 듣고 싶은 표현 중 최고가 아닐까. 이 아름다웠던 가족 덕분에 추운 날씨에도 따뜻한 하루를 보낼 수 있었다.

　나이가 들면서 새로운 관계에 대한 호기심이 쉽게 생기지 않지만, 억지스럽지 않게 이어지는 연결의 끈은 힘을 빼고 느슨하게 손가락에 걸어 두고 싶어진다. 모르는 사람과 얼굴을 마주하고 시간을 보내는 것이 처음부터 편안하지는 않았다. 어색함을 앞서나가는 궁금증이 문고리를 잡게 했고 조심스럽게 문을 열게 했다. 외국에서 온 이들을 맞이하는 경험을 하지 않았다면 결코 지금만큼 마음의 힘이 자라지 못했을 것이다. 여러 갈래의 생각의 길 중 하나를 선택하고 걷다 보니 가볍기만 했던 자신감이 어느 순간 제 무게를 채우고 나를 새로운 길도 다시 직진하게 했다. 7년이라는 시간 속에는 다채로운 매력을 가진 평범한 여행자들이 남긴 이야기가 그들이 돌에 새긴 이름들과 함께 빈틈없이 채워져 있다. 그 채워짐 속에 쉘비와 그녀의 가족이 있다.

쉘비가 다시 나를 찾아온 건 3년이 지난 2023년 2월이었다. 이번에는 아빠와 함께 인사동 작업실에 등장했다. 여전히 서산에서 영어 교사로 일하고 있는 그녀를 인사동의 내 작업실에서 만나니 얼마나 반갑고 더 고마운지 모른다. 그녀는 조금 살이 올랐지만 금방 알아볼 수 있었고, 나는 그녀의 엄마 새넌이 내게 남긴 메모를 바로 찾을 수 있게 그 카드 옆에 빨간 리본을 붙여놓았다. 그녀의 아빠 제리는 결과물보다는 진정한 체험을 편안하게 즐기는 법을 알고 있어서 참 다행스러웠다.

돋보기 없이도 잘 새기는 그의 손을 보고 혹시 공예에 관심이 있는지를 물었는데, 전혀 다른 일을 해 왔다는 대답을 시작으로 그의 입에서 대화가 이어졌다. 무심한 듯 쉘비를 챙기면서 새넌이 남긴 3년 전 카드를 보며 자신도 남기겠노라고 먼저 펜을 들었다. "Thank you for the great experience with carving a stone. It was great to do it with my daughter and you." 20년 넘게 트럭을 몰았다는 그의 메시지는 묵직하게 작업실 벽면을 지키게 될 것이라는 예감이 든다.

이미 자신의 도장이 있는 쉘비는 오빠 제레미를 위해 도장을 새기고, 오빠 가족을 위한 메시지를 카드에 담아갔다. "오빠 가족이 언제나 건강하고 행복과 풍요가 넘치기를." 나는 쉘비의 엄마, 아빠와 악수를 했으니 앞으로 남은 그녀의 오빠 제레미와 악수할 날을 기다려야 하지 않을까. 짧은 두 시간을 보내고 떠나는 쉘비에게 "다음에는 아직 만나지 못한 유일한 식구인, 네 오빠를 기다릴게."라고 마지막 인사를 전했다. 삼 년 후 그녀의 오빠와 다시 만날 쉘비를 고대하면서 말이다. 그녀는 마지막까지 나를 이렇게 행복하게 만들어 주었다.

"Thank you so much! We had such a great

time. My Dad isn't always very expressive, but I could tell he REALLY REALLY enjoyed your class and thought it was very cool. I'm so happy I got to see you again! I wish my Mom could have come too! 😂 She still talks about your class, it was a very big highlight of her trip. Also, the Smart Toks are so cute! It was such a sweet gift, and I really feel like somehow you know my and my Mom's hearts. I think they really fit our personalities. Thank you so much! I hope I get to bring someone else to you someday! Have a safe, happy, and healthy year 🖤 쉘비로부터."

이 메시지를 받고 나니, 새넌을 만나러 내가 텍사스로 한 번 날아가야 하지 않을까를 미소 지으며 고민하게 된다.

나는 가족 간의 사랑과 유대감이 문화와 언어의

장벽을 넘어 얼마나 보편적이고 강력한지를 다시 한번 깨닫게 되었다. 엘리자벳과 그녀의 이모들, 알렉스 가족, 그리고 쉘비와 그녀의 가족들. 이들 모두가 보여준 가족 간의 따뜻한 사랑과 배려는 내 작은 작업실을 매우 따뜻하게 만들었다.

도장을 새기는 단순한 행위가 이렇게 깊은 감동과 의미 있는 추억을 만들어낼 수 있다는 것은 참으로 놀라운 일이다. 그들의 이야기를 듣고, 그들의 사랑을 목격하면서, 나 또한 내 삶과 가족을 돌아보게 된다.

이 경험들은 내게 단순한 일회성 만남 이상의 의미를 지닌다. 그것은 서로 다른 문화와 배경을 가진 사람들이 어떻게 가족이라는 이름 아래 하나가 되는지, 그리고 그 사랑이 얼마나 변함없는 아름다움인지를 보여주는 소중한 증거이다.

이 공간이 아름다운 가족 이야기들로 가득 채워지기를, 그리고 그 이야기들이 더 많은 사람에게 따뜻한 위로와 힘이 되기를 바란다.

엄마, 나도 할 수 있어요

2023년의 2월은 유난히 길고 추웠다. 그래서 따뜻한 나라에서 오는 여행자들에게는 꼭 물어보곤 했다. 고향의 날씨는 어떠냐고. 따뜻한 날씨를 뒤로하고 추운 서울을 찾을 만큼 한국을 좋아하는 사람들과 추운 나라에서 따뜻한 나라 대신 추운 한국을 찾은, 분명한 이유가 있는 열정이 그날도 내 작업실을 후끈하게 달궜다. 2월의 어느 금요일에 만난 조안이 그러했다.

체험 예약 전부터 스콧은 곧 8살과 5살이 될 자녀들의 참여가 가능한지를 다양한 질문을 통해 확인한 후 예약을 했다. 다음 달이면 5살이 되는 조안은 내가 진행하고 있는 로컬 문화 체험 참가자 중 최연소 손님이 되었고, 그 타이틀은 아직 깨지지 않고 있다.

즐기는 체험의 정석을 제대로 보여준 조안은 의자에 무릎을 꿇고, 새김 도구를 잡은 손보다 앙다문 입술에 모든 힘을 준 채 참여자의 성실한 태도를 야무지게 보여주었다. 정말 어메이징한 감탄사가 절로 나왔다. 물론 조안의 오빠 8살 케빈 역시 즐기는 체험에 소질이 있어 보였다.

미국에서 온 아빠 스콧은 인천에 있는 국제대학교 중 하나인 유타대학교 아시아 캠퍼스의 교수였다. 송도 유타대학교의 인터내셔널 데이에서 한글 체험 행사를 4년 동안 진행하며 친분 있는 교수님이 스콧의 상사라고 하니, 글로벌한 세상도 그리 넓지 않은 듯했다.

엄마 커스틴은 5살 조안이 새김 도구를 다룰 때 안전에 대해서 각별하게 관심을 보이며, 딸이 새긴 흔적 위에 자신이 새김을 조심스럽게 덧새겼다. 그러나 조안의 솜씨를 감추지 않을 정도로만 조심스럽게 정리했다. 돌의 측면에 종이에 그림을 그리듯 새긴 조안의 도장은 나의 아낌없는 지원으로 '조안'스럽게 완성되었다. 8살 케빈은 자신의 영어 이름 Cavin과 고양이를 뜻하는 Cat을 콜라보레이션한 디자인으로 우리 모두를 놀라게 하는 솜씨를 보였다.

자신의 책 출간을 준비하고 있는 스콧의 소망은 책 제목까지 정한 자신의 책을 출간하는 것이었고, 새로운 직장에서 일하기 위해 준비하는 커스틴은 봄이 기다려진다고 했다. "I can do it, mom"을 거듭 말하며 조안과 케빈은 자신의 몫을 충분히 해냈다. 자신이 쓰고 왔던 모자를 조안이 놓고 간 것이 조금 안타까웠다. 어린이가 발산하는 천진한 생기는 그 자체로 건강한 아름다움이었기에 그들과 같은 공간에 머물며 그저 바라보는 것만으로도 그들의 에너지가 공유되는 느낌이 드는 하루였다.

2021년 12월에 만난 루시와 로이도 그러했다. 아빠 루시와 초등학교 1학년 로이가 작업실에 도착한 날은 한 해를 5일 남겨놓은 날이었다. 손에 힘이 조금 부족해 보였지만, 스스로 하려는 의지가 매우 강한 독립적인 아이였다. 그는 스스로 도장을 새기며, 도움이 필요하냐는 물음에 예의 바르게 괜찮다고 대답했다. 처음 연습한 옆면이 맘에 들지 않아 약간 실망한 모습을 보였으나, 이내 남아있는 세 면의 측면을 모두 자신만의 이야기로 채웠다.

도움이 필요하냐고 물었을 때 괜찮다며 다부지게 말하는 모습이 참 대견했다. 가끔 어른들은 잘하고 싶은 욕심에 중압감을 느끼며 한숨을 쉬거나 인상을 쓰기도 하는데, 로이는 행복한 스트레스로 수용하며 자신만의 개성을 표현한 돌 도장을 멋지게 완성해 냈다. 그리고 로이의 소원을 적어주겠다는 내 제안에, 자신이 직접 적겠다고 하다니. 세상에 이런 참여자는 처음이라 나를 살짝 당황하게 했지만, 로이 덕분에 새로운 아이디어를 얻게 되었다. 꼭 내가 적어줄 필요가 없구나, 참여자가 쓸 수 있는 기회를 주는 아이디어를.

"내년에도 시험 100점 맞고, 공부를 더 열심히 하게 도와주세요. 제가 좋아하는 친구들과 같은 반이 되게 해주세요." 로이의 소망은 자신의 위치에서 최선을 다하고 싶어 하는 건강한 생각과, 중요한 시기에 사회성을 배우며 관계를 잘 이어가고 싶어 하는 소망이 담겨 있었다. 근거 없는 두리뭉실한 소망보다, 뾰족하고 예민한 로이의 소망이 훨씬 마음에 와닿았다. 어떤 소망보다 분명하고 진심이 드러나는, 8살 다운 로이의 소망을 나도 가지고 싶다. '내년에는 백점의 인생시험 점수를 받을 수 있게 해 주시고 좋아하는 친구와 오래 만날 수 있게 도와 주세요'라고.

그리고 내게 남겨주고 싶은 말이 있으면 카드에 적어달라고 했더니 "선생님, 저를 열심히 가르쳐 주셔서 감사합니다! Thank you"라고 써 주었다. 가르치는 자에게 최고의 칭찬을 해 준 로이에게 내가 고마웠다. 처음부터 끝까지 자신의 힘으로 해내는 로이의 독립적인 태도에 사람들의 시선을 멈추게 하는 힘이 느껴졌다. 아마 그 힘을 사용할 줄 아는 로이는 자신의 길을 멋지게 쓸고 닦으며 앞으로 나아갈 일만 남은 듯했다.

2022년 9월에 만난 열 살 리오도 혼자 할 수 있다며 엄마 주디, 아빠 매튜와 등장했는데, 들어선 일행에는 나이 지긋한 할아버지와 7살 동생 베니도 함께였다. 할아버지와 동생 베니는 옆에서 구경해도 되는지를 물어보았다. 가족은 함께해야 힘이 나는 법이니까. 앉을 자리를 마련해 드리고 차 대접하는 것도 잊지 않았다.

샌프란시스코에서 온 그들은 어제 청와대를 구경하고, 오늘은 인사동 나들이를 왔다고 했다. 엄마 주디의 새김은 연습할 때부터 남달라 보였고, 둘째 아들 이름인 "베니"로 이름 디자인을 해도 되냐고 물었다. 디자인이 독특해서 디자인 관련 전공했냐는 질문에 웃으며 긍정의 고개를 끄덕였다. 도장 체험 수업을 진행하면서 디자인에 진심인 사람들을 많이 만나고 있어서인지 그동안의 학습된 나름의 데이터로 나의 촉은 나날이 정확해지고 있었다. 열 살 리오 역시 그 재능을 물려받은 것인지 솜씨가 예사롭지 않았다.

막내 베니는 매우 심심했을 텐데도 떼를 쓰지 않고 엄마 옆에 붙어서, 엄마가 새겨주는 자신의 이름 도장에 관심을 가지며 이렇게 저렇게 해달라는 자신의 의견을 정확하게 전달했다.

주디가 새김을 마친 후 베니에게 도장을 건네자, 도장에 묻은 인주를 정성껏 닦아내고 고이고이 도장 케이스에 넣는 모습이 어찌나 귀엽던지. 조용하게 자신의 차례를 기다릴 줄 아는 베니에게 사탕을 줘도 되냐고 주디에게 물어보고, 막내 베니에게 사탕을 건네자 더 귀여운 표정으로 "감사합니다"라고 인사를 했다.

열 살 리오 역시 자신의 도장을 능력껏 새긴 후, 마

지막에 혼자 할 수 없는 부분을 내게 살짝 요청하는 아이다운 모습이 더 친근하게 느껴졌다.

매트는 "Matt Karson"으로 새겼고 나머지 가족은 한글로 새김을 했다. 수업을 마친 후 그들의 소망을 물었을 때, "우리 가족 언제나 건강하고 사랑하며 웃으며 살자"라고 답했다. 그리고 막내 베니는 "Thank you so much. I hope to see you again"을 베니의 마음만큼이나 큼직한 글씨로 내게 남겨주었다. 작별 인사를 하고 작업실을 나서며 진심을 다해 나를 안아준 베니의 허그는 세상에서 가장 따뜻한 작별 인사로, 절대 잊지 못할 것이다.

2024년 5월의 어느 월요일, 마리와 닉 부부는 세 명의 자녀와 할머니 드라이트까지 총 6명을 프라이빗 수업으로 예약했다. 브래이트, 브로이드, 넬은 모두 한국에서 입양한 자녀였다. 한 남자의 아내이자 세 아이의 엄마라고 자신을 소개한 마리는 이 아이들을 만나기 위해 전 세계를 여행했고, 이제 이 아이들과 함께 세계 여행을 하는 것이 즐겁다고 말했다. 어떤 편견에도 굴절되지 않는 그녀만의 확고함이 그녀의 인생 네비게이션 역할을 하고 있음이 분명했다. 그녀는 시력이 약한 외동딸 넬을 챙기면서도 자신의 이름을 완벽하게 새겼고, 가족 모두가 스스로 새긴 이름 도장을 자랑스러워했다.

브래이트, 브로이드, 넬은 12살, 10살, 7살로 어린이 손님이었고, "가족", "모험", "행복", "즐거움"을 도장을 찍을 소망 카드에 적어달라고 요청했다. 친구들에게 자랑할 생각을 하며 카드에 자신이 새긴 도장을 힘주어 찍었다. 시력이 약한 넬은 스스로 하려는 의지가 매우 강했고, 조금 부족한 새김 또한 자신만의 작품으로 간직하고 싶어 했다. 가족이 함께하는 여행에서 행복과 즐거움을 무한대로 경험하고 있는 마리와 닉의 가족은 그 어느 가족보다도 건강해 보였다.

2024년 여름이 시작되는 7월, 부모님과 언니 애비, 오빠 리암과 함께 11살 랜리를 만났다. 동생 룩과 루비가 함께하지 못한 것을 아쉬워하며 랜리는 자신의 이름을 한글과 영어로 디자인했다. 5명의 자녀를 둔 엄마 애슐리는 함께하지 못한 루비의 이름을 새겼고, 아빠는 룩의 이름을 새겨 선물로 줄 생각이라고 했다. 자녀에 대한 애정이 곳곳에서 드러났고, 도장을 찍을 카드에는 신실한 신앙심의 표현을 담았다.

웃음이 따뜻했던 랜리는 누구의 도움 없이 도장을 잘 새겼고, 그 과정이 얼마나 자연스럽고 능숙한지 랜리의 일상을 짐작할 수 있었다. 가족에게 허락된 이 순간이 바로 "행복"임을 눈치챈 랜리는 도장의 측면에 오늘의 날짜와 "행복"이라는 글씨를 새겼다. 아빠를 닮은 랜리는 새김을 하는 내내 단 한 번의 불평도 하지 않았고, 실수한 부분에 대해서도 '해피 엑시던트'라며 무한 긍정의 에너지를 발산했다. 그 긍정의 에너지는 함께한 가족 모두에게서 느껴졌다.

랜리의 오빠, 리암을 입양했다고 한 그녀는 이 도

장 수업을 신청한 이유를 설명해 주었다. 작년에 서울 여행을 다녀온 친구가 강력히 추천했다고 한다. 나의 인스타그램 친구가 된 그녀는 머지않아 다시 서울에 오게 되면 꼭 찾아오겠다는 약속을 남기고 떠났다. 랜리가 돌에 새긴 "행복"은 지금부터 영원히, 변함없이 그 가족을 지키는 키워드가 될 것이다.

내 작업실에서 만난 아이들의 순수한 열정과 도전정신, 그리고 그들이 보여준 무한한 가능성은 나에게 큰 감동과 영감을 준다. 그들의 작은 손으로 새긴 도장 하나하나에는 각자의 꿈과 희망, 그리고 가족의 사랑이 담겨 있다.

아이들에게 기회와 믿음을 주었을 때, 아이들은 놀라운 잠재력을 발휘하며 가족 간의 사랑과 지지가 얼마나 중요한지를 보여준다.

나이는 숫자에 불과하다. 11살도, 7살도, 그리고 5살 아이에게도 기회를 주자. 도전할 기회를. 나는 어린 도전자들의 방문을 팔을 크게 벌려 환영한다. 웰컴!

4장

Hello, Local Culture!

대구로 향하는 이유

　　인사동의 가을은 노란색으로 보인다, 적어도 내 작업실에서는. 노란 단풍나무가 내 작업실 창을 가득 채우다 가을비에 한 번 떨어지고, 가을바람에 또 한 번 떨어지기를 반복하면 머지않아 거리를 노랗게 덮어버린다. 그즈음이 작업실에서 바라본 풍경 중 최고의 시절이 되고, 오래오래 보고 싶은 풍경이기도 하다. 2022년 11월, 이 멋진 풍경이 창을 가득 채운 금요일 아침, 4명의 손님이 노란 거리를 밟고 작업실로 올라왔다.

　　대만에서 의학을 공부하고 있는 그들 중 한 명은 방탄소년단의 팬, 아미라고 소개하며 멤버 중 정국을 좋아해서 부산을 이미 다녀왔다고 한다. BTS 멤버 중 두 명이 부산 출신이니 부산을 찾는 아미들은 정말 많은 듯하다. 이들의 어린 시절 추억이 담긴 'BTS 성지'가 부산 곳곳에 존재하기 때문에, 해외에서 온 아미들이 이곳을 순례하는 것이 여행의 이유가 된다고 한다. 그래서 대만에서 온 친구들은 자신의 이름을 음각으로 새기는 것에 반해, 그녀는 "전정국" 3음절과 방탄소년단의 로고를 어려운 양각으로 새기는 정성을 들였다.

새김칼을 잡은 그녀의 손은 돌 위에서 춤을 추듯 자유로웠고, 그 작은 새김의 공간을 넓게 활보하듯 움직이며 즐거워하는 표정은 한 번도 누군가의 열렬한 팬이 될 만큼 좋아해 본 경험이 없는 내게 정말 생소한 모습이었다. 도파민이 나오는 소리가 눈으로 보여지는 듯했다. 그리고 그녀가 요청한 "방탄소년단 보라해"를 적어준 카드에 그녀가 한 획 한 획 마음에 새기듯 돌에 새긴 도장을 담았다. 마침 보라색 케이스가 있어서, 특별히 그녀를 위해 보라색 도장 케이스로 색깔 맞춤 제공해 주니 너무 좋아한다.

딸 같은 마음에 부모님이 혼자 여행하는 것을 걱정하지 않으셨냐고 묻자, 걱정하셨지만 그래도 하고 싶은 건 해야 '청춘'이지 않냐고 답한다. 부럽다, 그들의 시절이. 그리웠다, 나의 그 시절이. 부모님의 걱정을 뚫고 나가는 그들의 용기 있는 실행은 앞으로도 계속 이어지리라 예상된다. 청춘만 용기가 필요한가, 삶의 여정에는 용기가 늘 필요하다. 지금의 나 역시 용기가 필요하고 십 년 뒤의 나 또한 용기를 낼 준비를 하고 있지 않을까. 10대, 20대가 내게 인생을 살아가는 데 필요한 두 가지를 알려달라고 한다면 지금의 나는 '친절'과 '용기'라고 말할 것이다. 체험을 마친 그들은 청춘만큼이나 반짝거리는 후기를 남겨주었다.

2023년 꽃피는 3월, 코로나가 물러가고 매섭게 추웠던 겨울이 지나 봄이 살랑 바람을 타고 거리를 누비자 인사동을 찾는 여행자들은 늘어났고 작업실은 체험을 원하는 외국인들과의 약속들로 채워지고 있던 어느 날, 리아, 세실, 이질리아가 프랑스에서 찾아왔다. 프랑스에 있는 오빠가 한국을 처음 찾은 여동생을 위해 준비한 생일선물로 한글 족자 체험을 예약했다. 이런 스윗한 오빠를 둔 여동생은 BTS 아미인 이질리아다. 몬스터엑스를 좋아하는 리아, 한국 문화에 진심인 세실, 이 세 명이 의기투합해서 결성된 한국여행 걸크러쉬.

   3월 첫날에 서울에 도착해서 명동에 머물며 북촌과 DDP를 구경한 후 잠시 문화를 향유하는 여유를 나와 보냈다. 서울 여행을 마치면 경주와 부산을 다녀올 계획이라고 한다. 이질리아가 BTS 멤버 중 누구를 가장 좋아하는지를 알려주는 여행 코스다. 구글 지도만 있으면 원하는 곳 어디든 찾아갈 수 있으니 여행하기 딱 좋은 시대임이 분명하다. 세 명의 친구 리아가 영어를 잘해 어려움 없이 수업을 진행할 수 있었다. 서울에서 의사소통이 그리 편하지 않았다고 하며, 번역 앱을 자주 애용하고 동선을 미리 파악해 지도를 따라 움직였기 때문에 아직 큰 어려움은 없었다고 한다.

   처음 잡아 본 붓과 어색한 한글이 뜻대로 써지지 않지만, 품었던 한 줄을 끝끝내 적어낸다. "뜻이 있는 곳에 길이 있다", "내일은 내일의 태양이 뜰 거야", "너는 빛나, 달이 뜨면 너의 시간이야"를 적은 족자의 문장들이 하나같이 영감을 준다. 자신만의 뜻을 가지고 가는 길에서 맞이하는 새로운 태양이 그 길을 비춰 줄 것이고, 달이 뜨면 어둠 속에서도 그 길을 밝혀줄 테니 어디든 못 갈 곳이 없다. 온라인으로만 경험했던 한국 문화를 먼 거리를 날아와 직접 만나며 자신만의 경험을 만들어가는 그녀들의 시간이 뜻이 되고 길이 되어 줄 것을 직감한다. 그들과 함께하는 지금이 나의 길이 되어가는 시간이듯이.

2024년 5월에 만난 마닐리스 역시 프랑스에서 온 BTS 아미임이 드러났다. 한글을 연습하면서 족자에 쓰고 싶은 한글이 뭐냐는 질문에 "피, 땀, 눈물"이라니. 그리고 아빠와 함께 한국을 찾은 이유도 알려준다. 다음 날 아이돌 댄스 수업도 예약해 놓았다고 자랑한다. 아빠는 족자에 한글을 쓰는 딸의 모습을 영상으로 담는다. 한국의 아이돌 그룹에 관한 관심이 한국 문화에 관심으로 파급되는 나비효과의 강한 진동이 인사동 작업실에서도 느껴진다.

2023년 9월에 만난 앤디모어와 바바라는 내가 만난 BTS 팬 중 가장 연장자가 아닐까 싶다. 호주에서 온 60대인 그녀들은 모두 '슈가'팬이라고 했고, 앤디는 이번이 다섯 번째 한국방문이며 BTS 공연을 보기 위해 공연장으로 날아간다며 찐 아미임을 증명했다. 바바라는 BTS의 "숨 쉬는 이유"를 한글로 타투한 그녀의 팔을 내보이며 찐팬임을 확인시켜준다. 정말 놀랍다, 그녀들의 순수하지만 뜨거운 열정에.

교사인 앤디는 "성공을 하려면 첫 시작이 중요하다"라는 문장을, 바바라는 친구 선물로 새긴 도장을 "기쁠 때나 슬플 때나 언제나 우리는 친구야"를 적은 카드에 찍어갔다. 그 뜨거운 열정을 내게 가르쳐 주고 떠난 그녀들 덕분에 잠자던 내 열정이 다시 깨어났다. 나이의 무게가 열정의 박동을 멈추게 하는 것이 아니라, 나이를 핑계 삼고 싶은 의식의 나태함이 열정의 온도를 차갑게 방치했음을 호주에서 온 그녀들이 일깨워 주었다.

그해 10월에 만난 수잔은 앤디와 바바라가 가지고 있던 최연장자 기록을 바꾸었다. 세 명의 자녀를 둔 수잔은 60대 후반으로, 자신을 BTS의 빅팬이라고 소개했다. 한글을 3년 전부터 배우고 있으며, 방탄소년단의 공연을 8번이나 갔다고 한다. 지민이 그녀의 최애 멤버여서 부산까지 다녀온 그녀는 한 달간의 휴가를 거의 마무리하며 나의 도장 체험 수업을 예약했다. 10월 초에 한국에 와서 감기로 일주일을 심하게 고생했다는 이야기며, 부산에서 공연을 본 이야기를 하나씩 꺼내는 그녀의 표정에는 전혀 피곤함이 없었고 떠나야 하는 아쉬움만 보였다.

삶의 비타민은 먹는 알약보다 애정하는 것을 더 사랑하는 것이라는 생각이 든다.

2022년 8월, 흐린 날씨에 갑자기 쏟아지는 비를 맞으며 버지니아에서 온 세리아를 만났다. 한국을 여행하게 된 이유는 BTS였고, 방탄소년단을 통해 한국을 처음 알게 된 세리아는 한국까지 여행을 결심하게 되었다. 좋아하는 멤버는 RM과 정국이라고 하며, 헷갈려하는 내게 그들의 본명을 한 음절 한 음절 정확하게 알려주었다.

3년 전부터 한글을 배우고 있어서인지 그녀의 한국어 실력은 좋았고, 그녀가 선택한 문장 역시 BTS의 "낙원"에 나오는 한 소절이었다. "숨이 턱까지 넘칠 때 잠시 행복을 느낄 네 순간들이 있다면 네가 내뱉는 모든 호흡은 이미 낙원에, 그리고 멈춰서도 괜찮아." 그녀는 이 노래를 들으면서 중학교를 마치고, 고등학교 생활을 열심히 해 원하는 대학에 갔으며, 다시 일을 찾기 위해 쉼 없이 달려야 하는 현실 속에서 BTS의 노래가 큰 위로가 되었다고 한다. 한 사람의 인생을 위로하는 예술적인 활동이 정말 가치 있는 일이라는 생각을 다시 하게 된다.

세리아의 이야기를 들으면서, 한국의 학생들만이 무한 경쟁 속에서 고군분투하는 것이 아니라는 사실을 깨닫게 된다. 전 세계가 BTS의 노래에 영감을 받고, 그 영감의 주체가 된 문화가 태어난 곳, 부산과 대구를 찾는 이유를 아주 명확하게 설명해 준다. 그들이 살아가는 세상에서, BTS의 음악이 그들에게 희망과 응원을 전하는 BTS의 노래가 더욱 궁금해진다.

2022년 봄바람이 몹시 불던 4월에 7일의 자가격리를 마치고 한국을 두 번째로 방문한 마리를 만났다. 전통 노트를 만들며 한글로 노트의 이름을 붓으로 쓰는 체험을 신청한 그녀의 한국 방문 목적 역시 방탄소년단이었다. 손끝이 야무진 그녀는 노트의 첫 장에 자신이 좋아하는 BTS 노래 가사 중 한 문장을 적어줄 수 있는지 묻는다. "초침과 분침이 겹칠 때, 세상은 아주 잠깐 숨을 참아"라는 멋진 문구를 왜 이제야 알게 되었는지. 여기에 새로운 아미 한 명이 추가된다.

왠지 그들의 이야기에서 연결성이 느껴진다. 멈출 때를 모르는 사람들에게 어느 순간에 멈춰야 할지를 알려주는 메시지 같다. 2022년 9월, 헝가리에서 온 락스는 최근 만난 손님 중 가장 친절했다. 족자에 쓰고 싶은 문장에 관해 이야기를 나누다 그녀는 "의지만 있다면 할 수 있다"라는 자신의 좌우명을 말해준다. 그리고 대구에 갈 계획이라는 그녀의 여행 일정에서 그녀가 누구의 팬인지를 짐작할 수 있었고, 그녀 역시 아미임을 확인했다.

최근 들어 대구를 여행하려는 외국인들을 참 많이 만났는데 그 이유가 궁금했었다. 대구에서 태어나서 8살까지 살았던 내가 아는 대구와 그들이 찾아가는 대구 사이에 어떤 변화가 있었는지 이제는 안다, 그들이 대구를 찾는 그 이유가 바로 BTS의 슈가임을 외국인 여행자들을 통해 알게 되었다.

그래서 락스의 대구 방문의 이유를 눈치챘고, 그녀는 슈가 팬임을 고백했다. 그리고 다음 주에 있을 부산 BTS 콘서트에도 예약해 놓았다고 했다. 락스는 한글 족자 체험을 마치고 따뜻한 온기를 가득 담은 후기를 남겼으며, 도장 수업까지 예약했다. 그녀는 내게 물었다. 왜 내 책을 영어로 출간하지 않았느냐고. 그녀의 나라, 헝가리 사람들은 자서전적 스토리를 좋아하고 관심이 많다고 하며, 다음에는 꼭 영어로도 출간하라고 용기를 가득 채워주었다.

그녀의 좌우명이 그녀를 대구로, 그리고 부산으로 이끌었다는 사실을 보며, 스스로 자신의 좌우명을 증명하는 그녀에게서 오늘도 배운다. 자신의 좌우명처럼 실행하며 사는 시간이 차곡차곡 쌓여가기를, 나도 그녀도. 그래서 오늘도 남겨놓는다, 쌓여가는 시간을 그리고 기억하고 싶은 기록을.

나는 BTS와 그들의 팬들이 한국 문화에 미치는 영

향력의 깊이와 넓이를 다시 한번 실감한다. 단순한 음악을 넘어 전 세계 사람들의 삶에 위로와 희망을 주고, 그들을 한국으로 이끄는 문화 현상으로 자리 잡았음을 목격했다. 이들의 이야기를 통해, 우리는 예술과 문화가 가진 힘, 그리고 그것이 어떻게 국경을 넘어 사람들을 연결하고 영감을 주는지를 볼 수 있었다.

이 소중한 만남을 통해 세상을 바라보는 시선이 나날이 성숙해지는 나와 함께 내 작업실이 이런 다양한 문화의 교차점이 되어, 더 많은 이야기와 경험을 담아내기를 기대한다.

요리하는 오한울

우울하거나 스트레스를 받을 때, 그리고 마음이 외롭고 공허할 때 자신이 좋아하는 식감과 추억이 있는 음식으로 위로받을 때가 있다. 나라마다 독특한 음식 문화가 있기에, 고향을 떠나 외국에 장기간 머무는 사람들은 고향 음식을 먹으며 그리움을 달래는 경우가 많다. 하지만 여행 중이라면 이야기가 조금 달라진다. 여행이 주는 즐거움에는 로컬푸드가 빠질 수 없다.

<어서 와, 한국은 처음이지>라는 예능 프로그램을 보면, 한국을 방문하기 전 꼭 경험해 보고 싶은 한국 음식의 리스트를 사전에 준비하며 음식 투어를 하는 장면이 매회 등장하는 것을 보면 K-푸드에 관한 글로벌한 관심이 전해진다. 즉, 여행지의 전통 먹거리는 그 나라의 문화를 맛으로 경험하며 새로운 맛의 기억으로 다시 이곳을 찾게 되는 이유가 되기도 한다.

우리나라 사람들이 가장 위로받는 음식으로는 1위 떡볶이, 2위 치킨, 3위 김치찌개, 4위 삼겹살, 그리고 마지막으로 삼계탕이라는 조사를 본 기억이 있다. 내 작업실을 방문하는 외국인에게 물어봐도 김치를 제외하면 거의 순위 변동이 없다. 아마도 그들이 각자의 집으로 돌아가면, 그때야 한국에서 먹었던 음식들이 추억이 되고, 그 추억을 소환하기 위해 현지에 있는 한국 식당을 찾거나 직접 앞치마를 두르고 요리하게 될지도 모르겠다. 2019년 9월, 샌프란시스코에서 직접 농장을 운영하며 요리하는 요리사인 에이미를 만났다. 토마토를 가꾸느라 거칠어진 손에는 여름 파도 같은 푸른색 매니큐어가 시원하게 칠해져 있었다.

30분이나 지각한 다른 손님 덕분에 우리는 태릉역 6번 출구 앞에서 많은 대화를 나누었다. 3년 전 친구와 처음 한국을 방문해서 서울, 부산, 그리고 제주도를 다녀간 그녀는 한국 음식과 사랑에 빠져 다시 한국을 찾은 이유를 구체적으로 알려 주었다.

2주간의 휴가 동안 당산동의 에어비앤비 숙소에 머물며, 지난 주말 태풍 '링링'에도 불구하고 전주 투어를 신나게 마쳤다고 했다. 그룹 마마무의 한 멤버가 다녀간 곱창집과 막걸리를 먹은 후기를 들려주며, 그녀는 한국의 예능 프로그램을 너무 좋아해 <런닝맨>, <나 혼자 산다>, <전지적 참견 시점>을 아무리 바빠도 놓치지 않고 시청하고 있다고 했다. 프로그램에 나오는 음식과 식당을 찾아 경험하는 것이 이번 여행의 목표인 그녀는 곱창과 순대국밥에 이어 막창의 맛집이 즐비한 대구로 갈 예정이라고 했다. 그리고 나는 그녀가 대구를 찾는 이유가 아이돌 그룹 때문만은 아니라는 것도 새롭게 알게 되었다.

  30분 이상 지각한 외국인 손님에게도 이것도 휴가의 즐거움이라며 마음의 여유를 보여주는 그녀의 긍정적인 마인드는 농부였던 아버지의 영향을 많이 받았다고 한다. 그녀는 작업실에 오기 전 광장시장을 혼자 구석구석 돌아다니며 빈대떡과 호떡을 배불리 먹고, 이화장(이승만 대통령이 거주했던 곳)을 산책한 후기를 들려주며 그녀 손톱에 곱게 칠해진 매니큐어로 대화의 주제를 전환 시켰다. 농부이자 요리사인 그녀는 평소에는 매니큐어를 바르지 않지만, 휴가 때만큼은 예쁜 손으로 맛있는 음식을 즐기는 여유를 온전히 누린다는 그녀의 호사를 자랑했다. 한국어를 배워 매년 한국을 방문하고 싶다는 소망을 카드에 적어주고 떠났다.

그리고 2024년 7월, 그녀가 인사동으로 나를 찾아왔다, 5년 만에 그녀의 친구와 함께. 그 사이 그녀는 한국을 여러 번 방문했지만, 마스크를 착용한 채였다고 한다. 작업실에 들어오자마자 자신이 남기고 간 카드를 찾았고, 벽면에 붙어 있는 5년 전의 카드를 보며 친구에게 자랑하는 시간을 가졌다. 흰색이었던 카드는 그사이에 색이 바랬지만, 그때의 느낌을 그대로 담고 있어 우리는 수다를 카드에서 시작하여 그녀의 한글 이름으로 넘어갔다.

새로 생긴 자신의 한글 이름 "오한울"을 소개하며

붓으로 연습해 직접 쓴 한글 이름을 티셔츠을 만들어 갔다. 이번 여행을 기억하는 소중한 기념품이라며 고이 접어 조심스럽게 그녀의 가방에 담아갔다.

여전히 친근하고 씩씩한 그녀의 목소리가 장맛비로 축축해진 내 작업실의 분위기를 뽀송하게 말려주었다. 다양한 한국 음식을 마스터하기 위해 찾아온 이번 여행을 그 어느 때보다도 더 즐기고 있는 그녀의 에너지 넘치는 모습이 한동안 그리울 것 같다. 아일랜드의 극작가 조지 버나드 쇼가 한 말이 떠오른다. "음식에 대한 사랑보다 더 진실된 사랑은 없다." 한식으로 시작된 오한울의 서울 여행은 앞으로도 계속될 것이다. '내년에도 올 거지?' 묻지 않아도 오리라는 것이 예감된다.

2024년 4월 자전거 여행 중 서울을 찾은 앤서니를 만났다. 그는 부산을 시작으로 대구를 지나 서울까지 자전거로 여행 중이고, 일본을 거쳐 태국과 베트남까지 자전거로 여행할 자신을 소개했다. 이십 대 중반인 그는 직업으로 적지 않은 경험을 했는데 그중에 요리사 일도 해 보았다고 한다. 자전거를 화물 비행기에 싣고 이동하는 것이 불안하다고 했으나 걱정하는 표정 대신 뭐든 가능하다는 건강한 자신감이 그의 표정에 드러났다.

어제 먹은 산낙지가 너무 좋았다고 하며 웃음을 지어 보이던 그는 아시아나 항공의 기내식 비빔밥이 최고라고 극찬했다. 한국 음식을 너무 좋아해서 집에 돌아가면 한국 음식을 직접 해 먹을 계획이라고 한 그의 좌우명은 "인생에는 좋은 것도 나쁜 것도, 영원히 지속되는 것은 없다." 그가 살아가는 방식과 생각이 보였다. 영원한 것은 없다, 꽃은 시들고 풀은 마르고 모든 것은 사라지고 결국에 남는 건 흔적과 기억뿐.

산낙지를 좋아하는 손님이 한 명 더 기억난다. 2024년 3월, 벨기에에서 온 로난이다. 광장시장에서 산낙지와 육회를 먹었다며, 자신이 먹어 본 한식 중 가장 기억에 남는다며 사진으로 남긴 전날의 로컬 푸드를 보여주었다. 많은 외국인 여행자들은 매운 한식을 즐기고 있지만, 종종 한국의 매운맛에 적응하기 힘든 외국인도 있다.

2024년 7월, 벨기에에서 온 로보반과 러시아에서 온 샤샤는 대부분의 한식을 맛있게 경험하고 있었지만, 매운 떡볶이는 아직 즐기기 어렵다고 했다. 2021년 1월에 만난 소피는 떡볶이가 한국 사람들이 코로나에 잘 걸리지 않는 이유라며 자신만의 썰을 풀기도 했다. 2023년 1월에는 호주에서 김치찌개를 만들어 먹을 만큼 한식을 좋아하는 잭 누낸이 도장을 새겼고, 3월에는 태국에서 온 키키가 한국 친구를 통해 알게 된 한식을 직접 만들어 먹고 있다고 하며 특히 비빔밥을 잘 만든다고 자랑했다.

막걸리와 치맥, 그리고 열무김치를 좋아하는 마큐러스에게 인사동의 간장게장 맛집을 소개해 주었고, 순댓국을 가장 좋아하는 다니엘은 서울의 한 대학교에서 2학기 공부를 마치고 런던으로 돌아갈 예정인데 귀국 후 한국 음식이 아주 그리울 것 같다며 걱정을 앞세웠다. 다니엘은 여자친구의 생일선물로 전통 노트를 만든 후, 노트의 첫 페이지에 시인 김소월의 진달래꽃 중 한 구절, "아름 따다 가는 길에 뿌리우리다"를 적어달라고 내게 요청했다. 말도 맛도 정말 한국 청년처럼 표현하던 다니엘의 정중한 인사가 아직도 생생하다.

2023년 10월, 한국의 김치를 좋아해서 자신을 "김치 러버"라고 소개한 런던의 과학자 얀을 만나기도 했고, 12월에는 한국 음식 순례를 휴가 콘셉트로 잡고 잠시 채식주의를 포기하고 자신의 여행 미션을 수행 중인, 영국에서 온 채식주의자 조지를 만나기도 했다. 조지가 클리어한 음식 리스트에는 삼계탕, 만두, 호떡, 빈대떡, 떡볶이, 순대가 포함되었다. 12월에 만난 또 다른 채식주의자 루이스는 한국의 전통 음식 맛에 깊이 빠져 김치 만드는 법을 배웠고, 직접 김치를 담가 먹는 중이라고 한다. 이번 여행 기간 중 방문한 도자기 마을에서 김칫독까지 샀다는 그녀는 호주로 김칫독을 어떻게 보낼지를 고민하며 도장을 새기기도 했다.

　　2022년 8월, 스리랑카 출신으로 독일에 거주하는 가야터리를 만났다. 2년 전 처음으로 한국 드라마를 접한 후, 매일 한국 드라마를 볼 정도로 빠져들었다고 한다. 스리랑카의 매운맛에 익숙한 그녀는 한식의 매운맛도 좋아한다고 하며 김치찌개 맛집을 소개해 달라는 그녀와의 대화는 유쾌하게 흘러갔고, 이해하는 데 어려움이 없었다. 그래서 그녀의 직업이 선생님이 아닐까 추측했는데, 교사인 그녀가 도장 체험 수업의 만족스러움을 아낌없이 전했다. 수업을 마친 후, 힐링되는 수업이었고 환상적인 체험이라고 했던 그녀는, 자신이 좋아하는 김치찌개만큼 따뜻하고 마음이 풀리는 후기를 남겼다. 한국 음식에 대한 애정이 그녀의 한국 방문 주요 동기 중

하나임을 느낄 수 있었다. 한국 음식의 매력이 외국인 관광객을 끌어들이는 중요한 요소라는 사실을 많은 여행자들의 입을 통해 확인하는 요즘이다.

2022년 11월에 만난 비비안은 코로나 전에는 매년 한국을 방문할 정도로 한국을 좋아한다고 소개했다. 그녀는 싱가포르에서 왔으며, 그녀의 언니와 언니의 친구 사라가 내 도장 체험 수업을 듣고 추천해 주었다며 함께 찍었던 사진까지 보여주었다. 아는 사람의 동생을 만난 것 같은 반가움이 들었다. 그녀의 한국어 실력은 물론 남편이 한식을 너무 좋아해서, 특히 된장찌개와 잡채, 김치찌개를 아주 능숙하게 만든다고 자랑한다. 나는 농담으로 남편이 한국인이 아닌지 확인해 보라고 하자, 다음번에는 자녀들과 함께 다시 나를 방문하겠다고 인사하며, 자발적 감사 카드에 그녀의 멋진 캘리그래피로 감사 인사를 남기기도 했다.

비비안은 남편을 위해 도장을 주문했고, 남편에게

전할 메시지도 부탁했다. 그녀가 요청한 문구는 "잘못 탄 기차가 목적지에 데려다준다."라는 구절이었다. 실수가 없는 삶은 없다. 때론 실수라고 생각했던 것이 참신한 아이디어의 마중물이 되기도 하고, 성공했더라면 결코 경험하지 못했을 '자기 회복력'을 혹독하게 훈련하게 되는 기회가 되기도 한다. 이것이 바로 Happy Accident이다. 잘못 탄 기차가 데려다줄 목적지가 처음 준비했던 계획과 다를지라도 이제는 불안함 대신 특별한 기회로 여기게 되는 마음을 연륜이라 우겨본다.

    2019년 4월에 만난 후안은 도장을 새기며 그의 한식 도전기를 이야기해주었다. 그의 산낙지 도전기는 "아, 실수했구나!"라는 말이 절로 나올 정도였다고 한다. 그런데 먹고 또 먹고 다시 먹기를 반복하면서 산낙지의 매력에 빠졌다고 한다. 다음에는 매운맛에 도전해 보겠다며 내가 추천한 '불닭볶음면'을 시도해 보고 싶다고 했다. 숙소로 돌아가는 길에 명동에서 불닭볶음면 먹기에 성공했다는 후기를 보내왔다. 실행력이 갑인 후안.

실수라고 생각했던 음식에서 새로운 맛을 발견하게 되는 것, 이것이 바로 잘못 탄 기차가 데려다 준 멋진 도착지가 아니겠는가. 후안은 신사적이고 친절한 사람이다. 그래서 그가 탄 기차에서 경험하게 되는 한국의 모든 것들이 그에게 신사적이고 친절한 맛과 멋으로 기억되기를 바란다.

나는 음식이 가진 힘에 대해 다시 한번 생각해 본다. 음식은 단순한 영양 공급을 넘어 문화를 이해하고 경험하는 중요한 매개체가 된다. 내 작업실을 찾아온 많은 외국인 여행자들이 한국 음식에 대한 애정과 호기심을 가지고 있었다는 점은 한식의 세계화가 얼마나 성공적으로 이루어지고 있는지를 보여준다.

또한, 음식을 통해 서로 다른 문화 간의 소통이 이루어지고, 때로는 예상치 못한 경험이 새로운 기회로 이어지는 것을 보며, 인생에서의 '실수'나 '우연'이 가진 가치에 대해 새롭게 배워가고 있다.

한국 드라마에 빠진 그녀들

　내가 만난 사람 중 '카르페 디엠'을 한글로 적어달라는 사람들이 적지 않다. '오늘을 즐겨라', '현재를 살아라'라는 뜻으로, 영화 <죽은 시인의 사회>에서 로빈 윌리엄스가 연기한 케이팅 선생님이 학생들에게 한 말로 유명하다. 과거를 되돌릴 수 없고, 미래는 알 수 없으니 지금의 삶을 즐기고 누리는 것이야말로 인생의 진정한 지름길이 아닐까 싶다. 특히 여행에서는 더욱 그렇다. 낯선 여행지에서의 나, 그리고 그곳을 찾은 나만의 이유가 있다면 '카르페 디엠'을 가장 생생하게 실천하고 있다고 생각한다. 여행만큼 현재를 아낌없이 즐기는 시간이 또 어디 있을까. 그래서 나는 여행지에서 얻는 특색 있는 로컬 푸드, 마주하는 풍경, 그리고 현지인들의 생활을 통해 나의 지금을 아낌없이 누리려고 노력한다.

　최근에는 세계 어디서나 OTT 서비스를 통해 다른 나라의 다양한 콘텐츠를 즐길 수 있다. <오징어 게임>을 통해 한국을 더 알게 되고, 더 많은 한국 문화 콘텐츠에 관심을 가지는 해외 이용자들이 늘어난 사실은 누구나 알고 있다. K-POP과 K-FOOD를 넘어 이제 K-DRAMA를 보고 한국을 찾는 사람들이 늘어나고 있다.

2023년 4월에 만난 엘렌도 그중 한 명이다. 50대 후반에서 60대 초반으로 보이는 독일 출신의 엘렌은 현재 대만에 살고 있다. 27살의 큰아이와 8살의 막내까지 네 명의 자녀를 둔 그녀와 도장 체험 수업을 마친 후에도 이야기는 오랫동안 이어졌다. 엘렌은 한국 드라마에 푹 빠져 한국을 방문한 이유를 설명했고, 특히 배우 송중기를 좋아해서 그를 만나는 것이 그녀의 여행 소망이라고 했다. 그녀는 "송중기 배우를 한번 만나보고 싶습니다"라고 자신의 소망카드에 적어달라고 했다.

엘렌은 송중기 배우의 높낮이가 일정한 대사 톤이 몹시 안정적으로 들려서 좋다고 했고, 동양인 배우의 눈에서 느껴지는 감성이 매우 마음에 든다고도 했다. 그를 모델로 드로잉 작업한 그녀의 작품 노트를 가방에서 꺼내 보여주었다. 그녀는 송중기만을 그린 작품집을 가지고 있을 정도였다. 이번 서울 여행이 그녀가 혼자 떠난 첫 번째 도시인 점과 나의 솔로 여행지가 베를린이라는 점이 교차 되면서 할 이야기가 늘어났다. 서울과 베를린의 감성을 나눌 수 있는 좋은 친구를 만난 듯한 기분이 들면서 여행 이야기는 자연스럽게 삶의 이야기로 넘어간다. 우리는 같은 연령대의 여성으로서 공통된 이슈를 한참 동안 나누고 헤어졌다.

그리고 6개월이 지난 2023년 10월 25일 새벽에 엘렌에게서 메시지를 받았다. "저에게 기적이 일어났습니다."로 시작된 메시지에는 놀라운 이야기가 담겨 있었다. "제 친구가 송중기 배우를 영화 팬 미팅에서 만났습니다. 그리고 그 친구에게 제가 송중기 배우를 그린 작품집을 전달할 기회가 생겼고, 그 덕분에 저는 인스타그램 비디오 채팅을 통해 그를 직접 볼 수 있었습니다. 헬렌이 적어준 그 소원이 기적처럼 이루어졌습니다. 이 기쁨을 당신과 나누고 싶어요."라고 했다. 그리고 손을 흔들며 그녀의 드로잉 노트를 들고 있는 송중기 배우의 사진도 내게 보내주었다. 어떤 일이 일어났는지 세세하게 설명해주는 그녀의 메시지에서, 얼마나 좋아했을지가 느껴졌다.

내가 적어준 그녀의 소망이 현실이 되었다며 나를 기억해 준 것도, 나와 그 기쁨을 함께 나누고 싶다는 것도 고마웠다. 그녀의 메시지 사이사이에서 식지 않은 흥분이 고스란히 전달되었다. 이 작은 카드를 소중히 간직해 준 것도 고맙고, 나를 기억해 준 것은 더 소중한 감사이다.

내가 처음 소망을 담은 카드를 적게 된 시작은, 나를 방문한 사람들이 이 경험을 더 오래 기억해 주기를 바라는 작은 바람에서였다. 이 도시를, 그리고 '헬렌'이라는 사람을 오래 기억해 주기를. 그 소망 카드가 여행자의 책 속에 꽂혀 있을 수도 있고, 예쁜 액자에 들어가 피아노 위에 놓여있을 수도 있겠지. 기적이 일어났다고 알려준 엘렌의 메시지는 내 바람이 이루어지고 있음을 전해 주는 소식지가 되었다. 내 작은 바람이 여기저기 바람이 되어 날아다니고 있는 듯한 기분이 드는 새벽을 맞이했다.

한국 드라마에 빠져서 한국을 찾은 다이애나를 2019년 10월에 만났다. 애리조나에 사는 그녀는 채식 위주의 식사를 할 수 있는 곳을 소개해 달라고 요청했다. 죽 전문 식당에서 비빔밥을 주문해 식사를 도와주었고, 그녀가 식사를 마칠 즈음 다시 마중을 나갔다. 혼자 여행 중인 그녀와 나눈 이야기들 속에는 결혼과 자녀 그리고 글로벌 여성들의 공통된 이슈를 길게 나누다가 자연스럽게 한국 드라마 이야기로 방향이 전환되는 순간, 그녀가 원픽 배우로 <김비서가 왜 그럴까>의 박서준을 외친다.

한국 남자들의 스윗한 면을 동경하며 찾아온 그녀

의 서울에서의 마지막 일정이 나와 함께한 도장 체험 수업이어서 그런지, 여행지에서 만난 낯선 사람과 낯설지 않게 순간을 즐겼다고 후기를 남겨주었다. 내가 받았던 가장 긴 후기로, 비공개로 나에게만 남긴 후기 역시 최장의 메시지였다. 그녀는 내게 현재를 충실히 살아야 할 이유를 알려주었다. 그녀는 박서준 때문에 한국이라는 나라를 알게 되었고, 나는 다이애나 덕분에 나의 카르페 디엠을 새로운 각도로 보게 되었다. "꽃을 보고자 하는 사람에게는 어디서나 꽃이 피어있다"라고 한 앙리 마티스의 말처럼 즐길 준비는 언제나 온-에어 상태이다.

2022년, 전 세계가 코로나로 집에 머물며 거리 두기를 실천해야 할 때, 한국 드라마에 빠져 한국을 찾은 여행자들의 체험 예약이 상당했다. 독일에서 온 디나가 그랬고, 인도네시아에서 온 제시카도 그랬다. 한국 드라마로 시작된 제시카의 한국에 대한 호기심은 점차 한국 문화로 관심이 확대되었고, 학회 참석차 한국을 방문한 그녀는 한국 드라마를 통해 현지인들이 쓰는 한국어를 배웠기 때문에 한국어를 매우 잘했다. 외모만 보면 한국인으로 착각할 정도였다. 그녀의 유쾌한 성향은 상대방을 편안하게 해 주었고, 분명 환자들에게도 좋은 의사가 될 것이라는 믿음이 생겼다.

또한, 나의 한글 족자 체험 수업을 들은 친구 리즈의 추천으로 나를 방문한 코라리는 이번 방문이 네 번째라고 한다. 프랑스에서 혼자 한글을 공부하기 시작한 지 2년이 넘었고, 요즘에는 한국 선생님과 공부하고 있는데 매우 어렵다고 했다. 내게 프랑스어가 어렵듯, 그녀에게도 한국어가 어렵게 다가가나 보다. 그녀는 주로 한국 드라마를 통해 한국어를 공부하고 있으며, <사랑의 불시착>의 현빈 배우와 <태양의 후예>의 송중기 배우를 좋아한다고 했다.

드라마를 보며 언어를 배우는 외국인들을 만나게 되면서, 나도 영어 드라마를 보며 영어의 기술을 올려보려 노력 중이나 효과를 확인할 방법은 나의 외국인 손님의 반응에서이다. 가끔 어디서 공부했냐는 말에 꾸준하게 듣고 있다. 제시카 역시 꾸준하게 공부한 덕분에 한국어 수준은 훌륭했고, 자신의 족자에 "오늘이 마지막인 듯 즐겨"라는 강렬한 메시지를 적으며 오늘을 마지막 날인 것처럼 살아가는 그녀가 행복해 보였다. 그녀는 정확하게 알고 있다, 어떻게 사는 것이 지금에 집중하며 살아가는 것인지를.

2023년에 만난 안예와 자하도 <사랑의 불시착>을 경험하고 싶었던 것 같다. 그녀들도 좋아하는 배우로 현빈을 꼽았고, 나의 영어 실력을 칭찬했던 자하는 현빈의 결혼 소식에 펑펑 울었다고 했다. 다른 배우를 좋아하는 외국인들의 이야기도 적지 않다. 2023년 7월에 만난 알리시아도 코로나 시기를 견디게 해 준 한국 드라마 덕분에 서울의 한 대학교에 교환학생으로 신청했고, 그러면서 <도깨비> 속 공유와 이동욱의 도깨비 같은 매력에 허우적거리고 있다고 했다. 내가 미처 보지 못했던 드라마에 대한 정보를 그들에게서 듣고 나서 본 드라마도 적지 않다. <갯마을 차차차>가 그중 하나이다. 2022년 3월 한국을 방문한 애슐리는 이 드라마에 나온 포항을 여행하고, 아름다운 포항의 풍경에 매료된 이야기를 술술 풀어냈다. 한국 드라마를 타고 세계 속으로 퍼져나가는 한국의 자연풍경과 문화가 외국인들에게 한국을 찾아오게 만드는 매력적인 요소임이 분명하다.

　　2024년 7월에 만난 그녀도 매력적인 한국 드라마에 빠져 한국을 찾았다. 멕시코에서 온 클라우디아는 멕시코 드라마보다 한국 드라마를 더 좋아해 거의 모든 한국 드라마를 보았고, <미스터 션샤인>을 내게 소개해 주었다. 지금 내가 보고 있는 드라마가 바로 그 드라마인데, 손님들에게 재밌게 본 한국 드라마를 물어보면서 나의 다음 정주행할 작품을 고르는 재미도 나쁘지 않다.

　　2022년 5월에 만난 에루이즈가 기억난다. 그녀는 2021년에 서울의 한 대학교 교환학생으로 오려 했으나 코로나로 인해 취소되었고, 결국 포기했던 서울 여행을 2022년에 동생과 함께 이틀 전 도착한 그녀는 대구로

가 차를 빌려 경주, 부산, 제주도로 이어지는 여정을 자랑스럽게 소개했다. 파리에서 서울로 오게 만든 이유는 배우 남주혁 때문이라는 숨겨진 사연과 함께. 프랑스에서 한국어 선생님과 공부도 하고 있으며, <눈이 부시게>라는 드라마를 무척 감명 깊게 보았다고 했다. 한국 음식도 좋아하는 그녀는, 한국에서 공부하기 위해 다시 한국을 꼭 찾을 것이라는 꿈을 가지고 있다. 나의 작업실을 찾아준 모든 이들의 꿈이 눈이 부시게 이루어지기를 기도하게 된다.

"내 삶은 때론 불행했고, 때론 행복했습니다. 삶이 한낱 꿈에 불과하다지만 그럼에도 살아서 좋았습니다. 새벽의 쨍한 차가운 공기, 꽃이 피기 전 불어오는 달콤한 바람, 해 질 무렵 우러나는 노을의 냄새, 어느 하루 눈이 부시지 않은 날이 없었습니다. 지금 삶이 힘든 당신, 이 세상에 태어난 이상 당신은 이 모든 걸 매일 누릴 자격이 있습니다. 대단하지 않은 하루가 지나고, 또 별거 아닌 하루가 온다 해도 인생은 살 가치가 있습니다. 후

회만 가득 찬 과거와 불안하기만 한 미래 때문에 지금을 망치지 마세요. 오늘을 살아가세요, 눈이 부시게. 당신은 그럴 자격이 있습니다. 누군가의 엄마였고, 누이였고, 딸이었고, 그리고 나였을 그대들에게." 드라마 <눈이 부시게>의 명대사처럼.

한국 드라마가 가진 강력한 문화적 영향력에 대해 다시 한번 생각하게 된다. 드라마를 통해 한국을 찾고, 이곳에서 새로운 경험을 쌓는 많은 외국인을 만나며, 콘텐츠가 사람들의 삶을 변화시키고 그들의 여행을 더 풍성하게 만든다는 사실을 확인하게 되었다. 그들이 이곳에서 느끼고 간 감정들이 한국이라는 문화와 연결되어, 그들의 마음속에서 오랫동안 아름다운 기억으로 남기를 바란다.

이런 특별한 만남의 체험 호스트로서, 이곳이 서로 다른 문화들이 소통하는 공간이 되기를 기대해 본다. 나 역시 이러한 만남 속에서 더 깊이 있는 교감을 나누고, 이곳에서 얻은 경험들이 나의 눈부신 오늘로 기억되기를 소망하면서.

5장

Hello, New Friends!

언어는 달라도 마음의 언어는 하나입니다

　돌에 누군가의 이름을 새길 때, 새긴 사람의 이름을 돌의 측면에 새긴다. 즉, 그림에 자신의 서명을 하듯, 돌의 밑면에는 도장을 사용할 사람의 이름을, 돌의 측면에는 이 이름을 작업한 사람의 이름을 기록하는 것이다. 외국인들이 직접 자신의 이름을 새길 경우, 돌의 밑면과 측면의 이름이 다를 경우는 흔하지 않다. 2023년 3월, 인사동 작업실에 노란색 원피스를 입고 들어온 리사는 독일에서 온 초등학교 선생님이다. 매우 감성적인 그녀와 나눈 이야기를 통해 학생들을 사랑하는 그녀의 모습을 볼 수 있었다. 내가 오늘 새긴 도장을 학생들에게 칭찬 도장으로 사용해 보라고 제안하자, 정말 좋은 아이디어라며 학생들과 이 활동을 함께해도 좋겠다고 덧붙였다. 한국의 문화와 전통을 경험하는 것이 한국에서의 그 어떤 관광보다도 더 의미 있다고 하며, 이 도장 체험 수업에 매우 만족했다고 하니 호스트로서 무척 보람을 느끼게 된다.

대부분 참여자는 돌의 측면에 '서울'을 새기거나 체험한 날짜를 새기며 여행지를 기념한다. 여행한 장소와 날짜를 기억하기에 좋은 조합이기 때문이다. 그런데 리사는 달랐다. 서울에서 특색 있게 경험한 시간 속에서 나를 기억하고 싶다며, '감사합니다 김정주'를 그녀의 도장 측면에 한 자 한 자 정성 들여 새겼다. 이 수업을 진행한 6년 동안 처음 겪는 일이라 놀라움에 나의 반응이 슬로우 모션처럼 순간 느리게 움직였다. 그녀가 교사여서 그랬을까? 가르치는 사람에 대한 존중의 마음이 있었을 수도 있겠다는 생각은 배우는 즐거움을 제공해 준 것에 대한 감사의 표현이라는 생각으로 이어졌다. 그래서 나는 물었다. 그녀의 대답은 전혀 예상치 못한 것이었다.

첫 번째 이유는 인사동은 볼 것도 많고 사고 싶게 만드는 기념품 매장이 많아 활기차고 좋았지만, 다들 바빠 보였다는 것이다. 그녀도 그 속에서 정신없이 돌아다니다가 오래된 건물 3층에 올라와 내 작업실에 들어서자, 시간의 흐름이 다르게 진행되는 느낌을 받았다고 했다. 잠시 숨을 돌리고 창밖을 보며 분주한 공간에서 잠시 벗어난 이 시간이 그녀가 여행에서 원했던 순간이라고 했다. 그 속에 내가 있었고, 내 수업으로 잊을 수 없는 시간을 선물 받았기 때문에 꼭 기억하고 싶었던 것이 두 번째 이유였다.

독일어를 하는 리사와 한국어를 하는 나에게, 영어는 둘 다 제2외국어이다. 비록 어설플 수 있었겠지만, 표정과 음색, 그리고 눈빛과 손짓에서 전해지는 진심은 결코 어설프지도 부족하지도 않음을 확인할 수 있었다. 세상을 바라보는 시각이 이렇게 다채로울 수 있음을 그녀가 나에게 가르쳐 주었고, 서툴게 표현해도 마음은 고스란히 전달될 수 있음을 나는 배웠다. 그녀에게 서울이 처음이었듯이 그녀는 내게 처음이자 유일한 손님이다. 내 이름을 돌의 측면에 새겨 준 유일한 손님. 인생이라는 여정은 아주 소소하고, 그러나 구체적인 진심으로 엮어지는 것이 아닐까. 다른 모국어를 가진 사람들이 영어로 서툴게 엮었지만, 그날 우리가 나눈 마음은 전혀 서툴지 않았다. 그날의 뭉클함은 지금 글을 쓰는 순간에 그대로 느껴진다.

2022년 4월, 여행하기 딱 좋은 봄날 오후 3시에 런던에서 온 마에바 사에를 만났다. 그녀는 약속 시각보다 조금 늦을 듯하다는 메시지를 약속 시각 20분 정도 지난 후에 보내왔다. 매주 출강하는 수업을 마치고 오는 길은 여의도 벚꽃축제 때문에 길이 혼잡해서 나도 조바심을 내며 겨우 작업실에 도착했으니, 낯선 여행지에서의 지각은 충분히 이해할 수 있었다.

런던에서 경제 관련 교육 일을 하는 마에바는 봄바람처럼 사뿐히 들어왔다. 6주 일정으로 한국을 처음 방문한 그녀에게 왜 한국을 휴가지로 선택했는지 물었더니, 한국 드라마가 그녀를 이곳으로 이끌었다고 했다. 코로나가 그녀를 K-드라마로 안내했고, 멋진 배우들이 그녀를 한국 드라마에 빠져들게 했으며, 그녀의 엄마마저 K-드라마 팬으로 만들었다고 들려준다. 자가격리 7일을 마치고 한국을 선택한 그녀의 첫 일정이 나와의 도장 체험 수업이었다. 다음 날은 북한산에 올라 서울을 한눈에 담을 예정이며, 광장시장에서 한식으로 식사하고 부산으로 이어질 여행 계획을 생생하게 설명해 주었다.

런던의 한국어 선생님이 추천해 준 곳들을 여행 일정에 추가해 동선을 계획한 그녀는 한국의 매운 음식이 매우 잘 맞는다고 했다. 특히 국밥이 가장 맛있다고 하길래, 나는 농담으로 "당신은 전생에 한국 사람이었나 보다"고 말했다. 그녀는 나의 이야기를 정중히 들어주었고, 내 스토리가 그녀에게 많은 도전과 영감을 주었다며 진심을 담아 전하는 마에바의 격려와 응원이 결국 나를 울게 했다.

처음이다. 다른 언어로 전하는 묵직한 응원을 저먼 나라에서 온, 생전 처음 만나는 외국인에게 듣는 경험은. 이런 낯선 경험을 준 그녀에게 감사하다. 나를 보며 그녀도 눈물을 보였고, 한번 안아줘도 되겠냐고 했다. 그때부터였던 것 같다, 포옹이 주는 충만한 위로의 힘을 알게 된 것이. 정말 좋았고, 로컬 호스트로서 가장 잊지 못할 순간이었다. 그녀를 배웅하면서 다시 한번 허그를 하며 서로에게 "잘 지내요"라고 인사를 건넸다. 런던에서 꼭 다시 만나보고 싶은, 고마운 손님이 아닐 수 없다.

"Thank you for this amazing experience. A sweet, loving and peaceful exchange. I will be honored to see you again if you ever visit London or Martinique. To you and your loved ones, all my warmest wishes. It takes courage and a lot of faith to have changed your career and to enjoy this new journey. You deserve all the praise for such marvelous achievements - Prosperity, Love & Wisdom."

그녀가 떠나며 남겨준 메시지는 오늘도 내 작업실에 꼿꼿이 세워져 있다.

그리고 다음 해인 2023년 봄, 바에마가 엄마와 함께 다시 나를 찾아주었다. 바에마의 긍정적이고 건강한 미소는 엄마 워매인에게서 물려받았음을 알 수 있었다. 워매인의 낙천적이고 긍정적인 모습을 보며 '그 어머니에 그 딸'이라는 말이 절로 나왔다. 우리는 허그로 다시 만난 반가움을 나눴고, 워매인과도 포옹하며 인사를 나누었다. 워매인에게 딸의 칭찬을 하니, 그녀는 "그 딸의 엄마가 바로 저에요!"라며 큰 웃음을 주었다.

그날 수업은 도장 수업과 한글 족자 수업으로 준비되었고, 엄마 워매인뿐만 아니라 동생도 함께할 예정이었으나, 동생은 직장 때문에 일주일만 서울에 머물고 다시 업무에 복귀해야 해서 참석하지 못한 것을 아쉬워했다. 늘 그렇듯, 여행 중에는 예측하지 못한 일들이 자연스럽게 발생한다. 마치 우산 없이 비를 맞는 것처럼 말이다. 워매인은 혼자서 어려운 양각을 새기겠다고 자신감 있게 시작했으나, 돋보기를 준비하지 못한 그녀의 시력은 디자인한 선을 두 개, 세 개로 새기게 했다. 결국, 그녀의 이름 디자인은 나의 도움을 받아 음각으로 마무리되었고 돌의 측면에는 워매인이 원하는 날짜를 기념으로 새겨 주었다. 지난 만남에서 보여준 바에마의 친절함과 예의 바름에 대한 고마움의 답례로 말이다. 그녀는 지난번 여행에서 만난 한국인 남자친구의 이름을 도장에 새겼고, 이번 여행에서 엄마에게 그를 소개할 예정이라고 했다. 동생이 함께하지 못해 아쉬웠지만, 유쾌하고 긍정적인 세 모녀의 모습이 쉽게 상상되었다.

그림을 그리는 워매인은 자신의 작품에 사인으로 찍힐 그녀의 도장 활용 계획을 알려주었다. 만나자마자 한 허그를, 헤어질 때도 다시 나누었을 때 또다시 몽글몽글 고마운 마음이 인다. 이 인연이 지속되었으면 하는 바람을 그날부터 지금까지 간직하고 있다. 그리고 우리는 2024년 5월에 런던에서 다시 만나자는 약속을 수차례 하며 서로의 SNS 계정을 공유했으나 런던에서의 만남은 여행의 변수로 인해 이루어지지 못했다.

우리는 여전히 다른 언어로 소통하면서도 하나의 마음으로 연결되어 있음을 알고 있다. 바에마는 내가 부족하다고 느꼈던 부분을 토닥이며 잘하고 있다고 격려해 주었고, 내가 하는 일의 가치를 다시 한번 느끼게 해 주었다. 그리고 나의 불안함에 대해, 언어가 마음처럼 잘되지 않아 고민하는 내게 충분히 소통되고 있다고 위로해 주었다.

내 인생의 터닝포인트는 여전히 진행 중이다. 하루하루가 나에게 새로운 전환의 시간이 되고 있다. 나는 사십 대가 되면 더는 찬란할 일도, 더는 성장할 일도 없을 줄 알았다. 그러나 그렇지 않았다. 찬란한 순간이 나를 찾아오는 것이 아니라, 찬란한 순간을 내가 매일 만들어 가는 것이라는 비밀을 알아버렸다. 그리고 그 찬란한 순간을 함께하는 사람들이 있기에 더 빛나고 더 감사하다는 것을 나의 손님들이 그들의 언어로 내게 매일 내게 가르쳐 주고 있다. 나의 찬란한 시간에 등장해 나의 무대를 빛내주는 손님들이 고마울 따름이다.

서로 다른 언어로 나눈 이야기들이 조금 어설플지라도 우리가 함께 나눈 대화의 진심은 소중한 기록이 되어가고 있다. 그래서 언어의 차이를 넘어 마음으로 연결되는 이곳이 참 맘에 든다. 그들도 이곳이 맘에 쏙 들었으면 좋겠다.

깊은 흔적을 남긴 친구를 소개합니다

"많은 사람들이 당신의 인생을 스쳐 지나갈 것이다. 하지만 오직 진정한 친구들만이 당신의 마음속에 발자국을 남길 것이다." 미국 역사상 가장 영향력 있는 퍼스트레이디 중 한 명이자 인권 운동가인 엘리노어 루스벨트의 말이다. 내가 생각하는 친구의 의미를 그녀가 60여 년 전에 잘 요약해 놓은 것 같다. 인생에서 많은 사람이 스쳐 지나가지만, 대부분은 일시적인 관계로 끝난다. 그래서 인생의 긴 일기장에 별 다섯 개를 줄 만큼 강력한 흔적을 남긴 사람은 드물다. 기억이 왜곡되지 않고 정확히 다시 표현할 수 있을 만큼 깊은 자국을 남겨준 사람을 친구라고 한다면, 내게도 그런 친구들이 있다.

2022년 10월, 가을치고는 꽤 추웠던 날, 도장 체험을 예약한 세 명의 외국인 중 스텔라가 있었다. 필리핀에서 온 그녀는 한국어를 조금 할 줄 알았고, 도장 새김에 진심을 담다 보니 예정 시간을 30여 분 초과하게 되었다. "내가 두려워하는 날에는 주를 의지하리 이다."라는 시편 56편 3절의 성경 구절을 적어달라고 했을 때, 그녀가 크리스천임을 알았다. 스텔라와의 첫 만남은 조용하게 새김에 집중하던 얌전한 모습으로 기억에 남아 있다.

그리고 사흘 후, 그녀는 한글 족자 체험을 예약하고 다시 내 작업실을 찾았다. 그날은 작업실에서 NHK 월드 JAPAN 인터뷰 촬영이 예정되어 있어, 사전에 참가자들에게 양해를 구했다. 세 명의 참가자 모두 흔쾌히 촬영을 허락해 주었고, 처음 하는 색다른 경험을 우리는 함께했다. 스텔라의 배움에 대한 진심은 도장 수업에서 이미 느낄 수 있었기에, 한글을 연습할 시간을 충분히 주었다. 촬영 인터뷰 질문에도 매끄럽게 대답한 그녀는 두 번째 만남에서 "꽃길만 걸어요"라는 문구를 끝까지 남아 완성했다. 그날의 인터뷰가 잘 마칠 수 있었던 건 그녀를 비롯한 호주에서 온 다른 두 명의 참가자들의 배려 덕분이었다.

스텔라와의 세 번째 만남은 정확하게 일주일 뒤에 이어졌다. 서울 구경의 한 부분으로 내 체험 프로그램을 언니에게 소개하고 싶어서 다시 내 작업실을 방문한 스텔라에게 각별함을 느끼게 되었다. 이미 도장이 있는 스텔라는 "금성"을 새겼고, 작업실을 나가기 직전 가방에서 무언가를 꺼내 나에게 건넸다. 필리핀에서 가져온 자그마한 파우치에 말린 망고와 초콜릿을 담아 주었을 때, 각별함에 깊이가 생기기 시작했다. 캘리그래피로 제작한 핸드폰 홀더를 그녀의 손에 쥐여주며 나의 각별해진 마음을 알렸다. 우리는 '친구'라는 말을 하지는 않았으나, 친구가 되어 가고 있음을 서로 인식했다.

그리고 2023년 5월, 스텔라의 네 번째 방문이 있었다. 그녀는 또다시 달콤한 망고와 캔디를 챙겨왔고, 필리핀의 더운 날씨에서 벗어나 서울에서 한 달 살기를 하는 중이라고 했다. 스텔라는 디지털 노마드로 일하고 있다고 자신을 소개했다. 그녀가 합정동 근처에 머물고 있다고 해서 인사동에서의 인연이 동네 친구로 이어졌다. 그날 이후, 로컬 호스트와 외국인 게스트의 관계를 넘어 친구로 관계를 새로 정리하기로 했다.

내 딸과 같은 나이인 그녀는 나보다도 홍대, 합정, 상수동을 더 잘 알고 있었고, 그녀가 추천해 준 상수동의 작은 카페는 그녀가 아니었다면 알지 못했을 장소였다. 작업실이 아닌 곳에서 만난 그녀의 모습은 더욱 발랄했고 용감했다. 가족 이야기, 직업 이야기, 그리고 신앙 이야기로 대화는 더 깊어졌고, 우리의 각별함도 점점 깊어졌다.

그즈음 안국역 6번 출구는 내 수업에 참여하는 외국인들과 만남의 장소였다. 예약자 중 한 명이라도 늦거나 약속을 어기게 되면, 제시간에 도착한 손님들에 대한 내 불편함은 이루 말할 수 없을 정도였다. 길을 잘못 찾거나, 전철을 반대로 타거나, 6번 출구가 아닌 2번 출구에서 기다리는 등 다양한 변수들이 체험을 위한 나의 마중을 불안하게 만들었다. 이런 어려움을 들은 스텔라는 나를 도와주겠다고 했다. 그녀는 시간을 따로 내어 안국역으로 가서, 안국역 6번 출구에서 내 작업실까지의 동선을 확인한 후, 사진을 찍어 PDF 파일로 만들어 보내주었다.

 이런 친구를 만나 본 적이 없었던 나에게 고마움이, 한편으로는 괜한 말을 해서 그녀를 번거롭게 한 게 아닐까 하는 미안함이 동시에 밀려왔다. 칼바람이 부는 추운 겨울이나 습하고 무더운 여름에도 매번 만남의 장소로 마중을 나가야 했던 나의 어려움을 우리가 주문했던 음료만큼이나 속 시원하게 해결해 주었다. 그녀에게 빚진 친구가 되었다. 그녀의 수고에 대한 나의 빚진 마음을 저녁 식사로 조금 덜어본다. 경인선 숲길에서 저녁을 함께 나누고 산책하며, 바라보기만 했던 경인선 숲길의 예쁜 카페에서 점점 각별해지는 마음을 쌓고 또 쌓았다. 그녀의 한 달 살기 서울 생활이 끝나기 전날에 통창 유리를 통해 비 오는 거리를 볼 수 있어 좋았고, 비에 어울리게 틀어놓은 주인장의 센스에 이보다 더 좋을 수 없다고 속닥거렸다. 지금도 경인선 숲길을 지나다 그날의 그 카페를 보면, 그날의 감성이 고스란히 되살아난다.

점점 더워지는 날씨에 여름옷이 없어서 필리핀으로 돌아간다는 귀국 이유는, 옷을 챙겨 다시 오겠다는 입국 이유와 같았다. 여름이 지나고 가을 낙엽이 풍성해진 어느 날, 그녀는 친구 마르게리타와 제레미를 데리고 한글 족자 체험 수업을 하러 다시 왔다. 카자흐스탄에서 온 마르게리타는 매우 총명한 대학생이었고, 미국에서 온 제레미는 흥이 많고 리액션이 훌륭한 모델이었다. 그러니 수업은 춤추듯 흥겨웠고, 작업실 공기는 한결 가벼워졌다. 제레미가 족자에 적은 "나의 최고의 순간은 오지 않았다."는 그에게만 한정된 문장이 아닌 그곳에 함께한 스텔라와 마르게리타도 기다리는 순간이리라 여겨진다.

그 후로도 스텔라는 한국에 들어올 때마다 카톡으로 소식을 전하며, 우리는 꾸준히 얼굴 보는 만남을 가지고 있다. 현재 스텔라는 일본에서 선교의 사명을 감당하고 있다. 그곳에서 경험하게 될 그녀의 최고의 순간을 위해 오늘도 그녀를 위한 기도로 안부를 전한다. 요란하지 않았던 첫 시작에서, 여전히 요란하지 않은 자세로 최고의 순간을 향해 가는 내 친구의 걸음이 담대하게 뚜벅뚜벅 걸어가기를 응원한다.

여행의 이유는 다양하다. 여행을 통해 자신의 이야기를 만들어 가는 청춘도 있었고, 모든 일이 잘되어 가고 있음을 확인하는 중년도 있었다. 여행이 주는 재미와 마음의 휴식은 낯선 환경을 탐험하는 데 필요한 용기의 에너지가 된다. 그래서 여행지에서 경험했던 작은 친절과 환한 미소가 여행의 마지막 잔상이 되는 것이 아닐까. 2022년 11월에 만난 블루에게 내가 그런 사람이었는지 모르겠다. 캘리포니아에서 온 그녀는 다른 예약자들과 같이 도장을 새겼고, 나머지 3명은 같은 항공사에서 근무하는 동료였기에 그들끼리 대화를 이어갔다. 혼자 온 그녀는 내가 질문할 때만 목소리를 들려주는 정도로 조용히 체험을 마쳤다.

그런데 블루는 다음 날 다시 내 작업실로 들어섰다. 어제 도장 체험을 마치고 광장시장에서 먹지 못한 문어 이야기를 시작으로 그녀의 이야기는 꼬리에 꼬리를 물며 이어졌다. 내 책을 사고 싶어서 교보문고에 갔는데 재고가 없었다며, 재고 안내 종이를 보여주고 어떻게 구할 수 있는지 물어왔다. 우리의 대화는 점점 익어갔다. 나이 차이가 많은 여동생 덕분에 한국을 알게 되었고, 그녀는 동생에게 경비를 모두 댈 테니 같이 한국 여행을 가자고 제안했으나 직장 일이 많은 동생은 휴가를 내기 어려워 혼자 오게 된 한국 여행의 사연을 들려주었다.

트럭 운전을 하는 그녀는 코로나 중에도 일이 전혀 줄지 않았다고 하며, 쉼 없이 일한 자신에게 주는 선물이 이번 여행이라고 했다. 그녀는 한글로 "꿈은 이루어진다."를 족자에 담았다. 아직 이루지 못한 꿈이 있는 듯했다. 그녀는 코로나 시기를 버텨낸 내 이야기를 듣고 나서 마음이 열리기 시작했다. 족자에 쓰고 싶었던 문구는 따로 있다고 다시 말해주었다. "어디를 가든지 전심을 다해"가 그녀가 진짜 쓰고 싶었던 문장이라고 편안하게 알려주는 그녀에게 작별 선물로 부채에 적어 건네주자 그녀의 눈빛은 어제와 달리 블루처럼 맑고 푸르렀다.

그녀는 정말 게으름을 모르는 사람처럼 부지런히 자신의 길을 걸어왔고, 마흔이 된 이제야 자신을 마주하는 시간을 가지게 되었다. 일에 전심을 다했듯, 이번 여행에도 전심을 다하는 모습이다. 1층으로 함께 내려가 배웅을 하는 데 비가 쏟아졌고 우산 없는 그녀를 그냥 보낼 수 없어서 작업실에서 우산 하나 들고 내려와 그녀의 손에 쥐여 주었다. 물론 그녀가 필요하다면 편의점에서 우산을 살 수도 있었겠지만, "비가 많이 오니 가다가 우산 사서 쓰세요"라고 말하는 건 내 집을 방문한 손님을 대하는 호스트의 친절한 태도와는 어울리지 않는 것이기에. 무엇보다 내 마음이 그러했다, 꾸미지 않은 내 마음이.

낯선 여행지에서 받은 작은 친절이 서울에 대한 그녀의 첫 경험을 향기롭게 만들어주었으면 했다. 그 향기가 좋았는지, 그녀는 2023년 5월 다시 서울을 찾았고, 도장 수업을 다시 신청하고 들어선 그녀를 보자마자 반가운 인사를 두 팔로 크게 했다. 다른 예약자 5명과 함께한 수업에서 그녀가 가장 늦게까지 도장을 새겨서 다행이라 여기며 우리는 인사동의 풍경 좋은 카페로 자리를 이동해 당근 케이크와 피스타치오 크림 라떼, 아이스 아메리카노를 앞에 두고 6개월 동안 밀린 이야기를 풀어놓았다.

그녀는 내년에 한 학기 또는 두 학기 동안 서강대학교에서 한국어 클래스를 듣기 위해 방문했다고 설명했다. 그녀의 꿈이었다. 그래서 그녀는 마음을 다해 이 꿈을 향해 나아가고 있었다. 나는 서강대학교에서 가까운 곳에 살고 있으니 일주일에 한 번씩 만나자고 제안했다. 다음 날이 자신의 마흔 번째 생일이라고 하며 인사동 주얼리 샵에서 목걸이를 사서 자신에게 선물했다며 보여주는 목걸이의 색이 그녀의 눈동자 색과 같은 옥색이었다.

　한 시간의 대화를 마치고, 그녀는 자신의 길을 떠났다. 전심을 다해 걸어가는 그녀의 길을, 다시 두 팔 벌려 안아주며 응원했다. 그녀는 좋아하는 드라마 <이태원 클래스>에서 봤던 다리를 볼 수 있는 숙소에 묵고 있다고 하며 찍은 사진을 보여주었다. 한국에서 한국어뿐만 아니라 한국 역사나 독특한 공간을 찾아내어 소개하는 체험 호스트로 활동할 수 있는 아이디어를 주자 그녀는 정말 좋은 생각이라며 웃었다, 자신의 이름처럼 푸르게.

　그녀는 새로운 도전을 궁리하며 기뻐했지만, 한국에서 공부할 계획을 가족에게 알리지 않았다고 했다. 100% 반대할 것이기 때문이라고. 그녀의 엄마는 마흔의 나이에 한국어 공부를 위해 서울에 가겠다는 딸을 이해하지 못할 것이고, 동생도 비밀을 지키지 못할 것이라고 예견했다. 그래서 가족에게는 알리지 않았다는 블루의 이야기가 왠지 '블루'한 느낌으로 전해진다.

20년 동안 트럭 운전을 한 예전의 '블루'는 떠나보내고, 이제는 자신을 위해 살아보고 싶다는 그녀의 새로운 도전은 분명 가슴을 뛰게 하는 것이고, 서울에서 친구가 된 나는 온 마음으로 그녀의 뛰는 가슴을 응원해주고 싶다. 인간관계론으로 유명한 데일 카네기가 한 말이 떠오른다. "바람이 불지 않을 때 바람개비를 돌리는 방법은 내가 앞으로 달려 나가는 것뿐이다." 나를 둘러싼 외부 상황이 내게 유리하지 않더라도, 나의 꿈을 향해 활시위를 당기는 힘은 내게 있다. 바람개비를 들고 달릴 준비를 하고 있는 블루는 앞으로도 내 친구로 남을 것이다.

친구와의 만남이 우리 삶을 얼마나 풍성하게 하는지 다시금 생각하게 된다. 진정한 친구란 서로의 인생에 흔적을 남기며, 그 흔적이 우리의 성장을 돕고, 새로운 도전에 용기를 주는 존재이다. 스텔라와 블루처럼, 나의 작업실에서 만난 이들은 나에게 깊은 흔적을 남겼고, 그들과 함께 나눈 시간은 아름다운 흔적의 길이 되어주고 있다.

그 친구들이 내 삶에 새로운 빛을 비추고, 내게 끊임없는 도전을 주었듯, 나 역시 그들에게 긍정적인 영향과 따뜻한 기억을 남길 수 있기를 바란다. 우리는 서로의 삶 속에서 하나의 챕터를 만들어 가며, 그 인연의 페이지는 계속해서 채워질 것이다, 마음이 무너지지 않게 서로를 의지하면서 그렇게….

언니라고 불러도 돼요?

사람을 소개받고 나면 "세 번은 만나야 알 수 있지"라는 말을 듣게 된다. 첫인상만으로는 충분하지 않으니 상대방을 제대로 이해하려면 한 번의 만남으로는 부족하다는 의미이다. 또한, 어떤 의사결정을 내릴 때 여러 번의 만남과 경험이 필요하니 시간을 좀 더 가지고 살펴보라는 당부이기도 하다. 만남이 이어지고 상대에 대한 정보가 쌓이면 감정도 쌓이게 되며, 나와 맞는 사람인지, 나와 비슷한 감성을 가진 사람인지 어느 정도 판단할 수 있기 때문이다.

그러나 우리는 지난 몇 년 동안 반쪽 인상만으로 사람을 만나야 했다. 마스크로 얼굴의 절반을 가리고 만나는 상대에 대한 첫인상을 충분히 저장하기에는 어려움이 있었다. 2024년 5월 13일에 방문한 사라는 들어서자마자 내 작업실 벽면에 아트월처럼 나열된 카드들을 유심히 바라보며 무언가를 찾는 듯했다. 수업이 시작되자 사라는 자신을 소개하며, 처음 한국 여행을 했던 2022년 5월에 내 도장 체험 수업에 참여했었다고 했다. 벽에 잘 붙어 있는 자신이 남겨둔 카드를 보고 두 번째 방문임을 알려주었다. 어제 인천에 도착한 그녀는 바로 다음 날 나를 찾아주었고, 내가 단번에 알아봤더라면 그녀의 기쁨은 더 컸을 텐데…. 정말 미안해하는 나를 그녀는 이해해 주었다, 2년 전 마스크로 가려진 얼굴을 기억하는 것이 쉽지 않았음을.

일어서서 그녀를 다시 만난 반가움을 포옹으로 표현했으나, 미안함은 말끔하게 해소되지 않았다. 사라에게 2022년의 첫 서울 여행이 진하게 각인되어 있었던 것 같다. 서로 작은 고민을 나누었던 기억이 그녀의 마음속에 잘 간직되었던 사라는 2024년 5월, 바람처럼 나타났다, 환한 미소와 함께. 그녀와의 두 번째 체험인 한글 족자 체험은 마치 프라이빗 수업처럼 단둘이 진행되었고, 나와 사라는 그 시간을 차분하게 공유했다.

2년 동안 한글을 더 많이 공부한 사라는 한국어로 인사하며, 수업도 한국어로 진행해도 괜찮겠다고 제안했다. 사라의 좌우명은 "배움에 멈춤이 없다"였고 그녀는 배움을 지치지 않고 이어 나가며, 배움의 과정 속에서 성장하는 자신의 모습을 사랑할 줄 아는 사람이었다. 붓을 잡은 손끝에서 한 글자 한 글자 정성스럽게 연습하며 그녀의 방에 걸어둘 족자를 완성했고, 사라는 그 족자를 시작으로 두 번째 한국 여행을 출발했다.

그리고 2주 후, 속초, 강릉, 설악산을 다녀온 이야기를 가지고 사라는 다시 내 작업실을 찾았다. 대청봉을 혼자 올라갔다가 내려올 때 조금 겁이 났다는 이야기와 그녀의 고향 버지니아에 있는 산보다 가파르고 힘든 산행의 후기도 놓치지 않았다. 내려오는 길에 아주머니 두 분을 만나 함께 식사한 재미난 에피소드도 잊지 않고 들려준 사라의 희망 사항은 한국어를 마스터한 후 한국에서 직장을 갖는 것이었다.

사라는 다른 외국인 참여자들과 전통 노트 만드는 체험을 하며 사귄 에스더, 마리와 함께 남산 야간 투어로 그날의 일정을 마무리했다고 전했다. 그리고 다음 날, 사라는 다시 나를 찾아와 서울에서의 마지막 일정으로 다시 도장을 새기고 싶다고 했다. 그녀는 나와 함께 한 네 번째 체험에서 "대한민국"을 양각으로 돌에 반듯하게 새겼고, 돌 측면에는 "배움에 멈춤이 없다"를 실수 없이 새겼다. 내 손님 중 이렇게 한국을 사랑하는 사람이 또 있을까?

사라에게는 '충성스러운 게스트'라는 배지를 달아 주고 싶다. 그녀는 이번 여행의 처음을 내 작업실에서 시작해서 마지막 일정도 이곳에서 마쳤다. 나는 감사의 마음을 담아 부채를 선물했다. 진정한 한국의 팬이며 나의 팬이 되어준 사라가 마지막에 "언니라고 불러도 돼요?"라고 묻는다. 이 진심의 질문에 진심의 포옹으로 답을 했다. 사라는 지난번 남긴 카드에 새로 새긴 "대한민국" 도장을 추가로 찍어 놓고 떠났다. 그 카드는 여전히 내 작업실에서 가장 빛나는 곳에 부착되어 있다.

슬픈 눈빛과 강한 어투로 "집에 가기 정말 싫어요!"라고 사라는 말했지만, 비행기 안에서 그녀는 직접 만든 전통 노트에 이번 여행의 후기를 빈틈없이 정리하고 있을 것이다. 네 번의 만남을 통해 나는 그녀의 한국 언니가 되었고, 사라는 미국 동생이 되었다. 사라는 2026년에 서울의 언니인 나를 만나러 오겠다고 약속했으며, 그때는 한국어를 더 유창하게 구사하고 있을 것이다. 그래서 그녀가 꿈꾸는 한국에서의 직장 생활이 꼭 이뤄지기를 바란다. "사라야, 그때는 언니가 밥 사줄게!"

2021년 7월에 만난 페트리샤는 미국에서 온 역사

학 교수다. 그녀는 대구에 있는 친구를 만나기 위해 한국으로 날아왔고, 서울 여행 중 나의 체험을 신청한 배경을 들려주었다. 그리고 그녀의 3개월의 긴 여름휴가를 시작하며, 전통 노트 만드는 체험을 위해 1년 뒤인 2022년 5월에 다시 나를 찾아왔다. 노트를 완성하고 나서 우리의 본격적인 이야기가 시작되었다. 직장 이야기, 돈에 관한 이야기, 첫사랑 이야기, 사람과의 관계 이야기 등 다양한 주제로 대화는 지치지 않고 이어졌다.

페트리샤는 지난번 족자 쓰기 체험 후, 혼자 집에서 연습했다고도 했다. 그날은 개인적인 이야기를 나누기 딱 좋은 날씨였고, 그녀는 두 달 전 만난 남자친구에 관한 이야기도 나누었다. 둘이서 속초를 다녀왔고, 그가 커플 목걸이를 선물해 주었다고 했다. 이번 주말에는 다른 커플과 함께 여행을 갈 예정이라고도 했다. 예전에는 막연하게 한국에서 살고 싶었는데, 이제는 그 사람 때문에 한국에서 살고 싶다고 하며 사진으로 남자친구를 소개해 주었다. 장거리 연애에 대한 걱정도 나눴다. 혹시 친구가 필요하면 연락하라고 명함을 건네고 헤어진 그녀가 한 달 뒤 장마가 시작된다는 예보와 함께 세 번째의 방문을 했다.

아침부터 끈적이는 날씨와 흐린 하늘빛이 감도는 그날, 페트리샤와의 세 번째 체험이 시작되었다. 그녀는 나의 모든 체험을 참여한 첫 게스트로, 명예의 전당에 이름을 올렸다. 마지막 족자 체험에서 그녀가 선택한 문구는 "길이 아름답다면 어디로 가는지 묻지 마라"였다. 이 한 줄은 이해인의 시 <걸어가는 길>에서 나온 구절로, 나는 한참 동안 그 문장을 바라보았다. 긴 여정 자체가 주는 아름다움을 종종 잊고 살았던 내게, 미래에 대한 걱정으로 지금 걷고 있는 길의 아름다움을 즐기지 못했던 내게 미안함이 저벅거리며 들어서는 기분이 들었다.

페트리샤와는 만남마다 깊은 이야기를 나누었다. 세 번째 방문에서는 특히 인생, 결혼, 경력에 관한 진솔한 대화를 나누며 서로에게 영감을 주는 시간을 공유했다. 그녀가 어떤 길을 가든지, 그 길에 놓인 아름다움을 놓치지 않기를 바란다.

    도장을 새기는 수업에서 나는 종종 이런 말을 한다. "여러분은 오늘 처음 돌에 이름을 새기고 있습니다. 처음부터 예쁘게 새겨지지 않는 건 당연한 일이니 너무 스트레스 받지 마세요. 결과보다 그 과정을 즐기시기 부탁드려요. 실수는 걱정하지 마세요. 그 실수가 여러분 도장의 시그니처가 되고 해피 엑시던트가 될 테니까요!" 누구나 실수를 피하고 싶어 하지만, 늘 완벽함을 추구하기에는 불완전한 우리이다. 실수 없이 완성되는 완벽함은 존재하기 어렵다는 것을 알고 있다. 실수에서 기발한 희망을 발견하는, 아주 작은 즐거움을 내 체험에 참여한 손님들이 경험했으면 좋겠다.

    2022년 10월에 도장 체험을 하러 온 크리스티아 역시 나와 세 번의 만남을 완성했다. 초등학교 선생님인 그녀는 학생들의 과제에 찍어줄 스탬프를 만들고 싶다며 "자랑스러워"를 음각으로 근사하게 새겼고, 카드에는 "하나님을 잘 알고 사랑 나누는 사람"이라고 적어달라고 요청한 반듯한 사람이었다. 일 년 뒤, 2023년 10월에 다시 작업실로 들어선 그녀는 타투를 하기 위해 한국을 찾은 두 번째 이유를 들려주었다. 그리고 교육에 관한 이슈로 대화를 시작했다. 현재 그녀는 캘리포니아 남쪽 지역의 초등학교 교사로 근무하며, 영어를 잘하지 못하는 학생들을 지도하는 일이 쉽지 않으나 학생들의 부모는 매우 친절하고 좋아서, 다른 지역의 교사들보다 정신적으로 훨씬 좋다고 한다. 그리고 한국의 조기 영어교육에 대해서도 언급하며 너무 이른 나이부터 우정보다 경쟁을 먼저 알게 되는 것을 걱정했다.

지난번에 배운 도장 새김에 필요한 재료들을 아마존에서 모두 구매했다고 자랑하기도 했다. 오늘도 교사로서의 길을 단단하게, 그리고 당당하게 걸어가고 있을 크리스티아를 자랑스러운 손님으로 소개하고 싶다.

"길이 아름답다면 어디로 가는지 묻지 마라"라는 페트리샤의 족자 문구처럼, 우리의 만남은 목적지보다 과정의 아름다움 속에서 일어나고 있음을 알게 된다. 실수도, 미완성도, 서툰 순간들도 모두 우리를 더 가깝게 만든 소중한 순간들이었다.

그들은 각자의 삶으로 돌아갔지만, 우리의 인연은 여전히 진행 중이며 나는 언제나 이곳에서, 새로운 인연을 맺을 준비가 되어 있는 '언니'로 기다리고 있을 것이다.

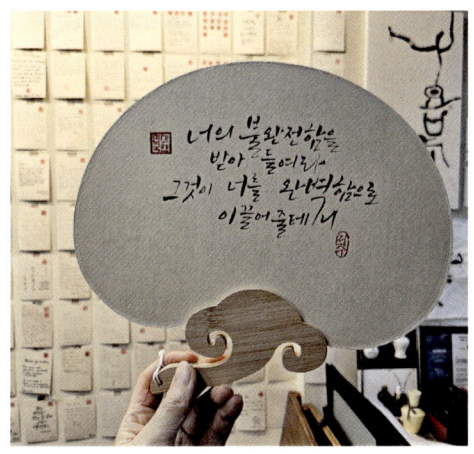

6장

Hello, Unexpected!

꽃 든 당신, 기억 못 해 미안해요.

    마스크가 주는 장점은 얼굴을 가릴 수 있다는 것이고, 단점은 얼굴 전체를 볼 수 없다는 점이다. 사람을 가까이에서 대면하는 일이 많은 내게 안면인식과 이름 암기는 최대한 빨리 그리고 정확하게 해야 하는 과제였다. 2007년 1월, 서울시에서 지원하는 한 기관-현재도 출강하고 있는-에서 강사를 전문적으로 시작하면서 스스로 약속했다. 수업에 참여하는 사람의 이름을 편안하게 불러주며 반가운 얼굴로 인사하는 것이 상대에 대한 기본적인 예의라고 생각했기 때문이다. 마스크라는 질병에 대한 안전장치가 등장하기 전까지는 이름과 얼굴을 기억하는 점수가 나쁘지 않았다. 그러나 마스크로 얼굴의 2/3가 가려진 상황에서 눈의 형상만으로 상대방을 알아보기란 쉽지 않았고, 가끔 불편한 실수가 발생하기도 했다.

    2022년 10월 초, 나의 기억력은 마스크의 공격을

정통으로 맞았다. 카렌과 사라를 안국역 6번 출구에서 만났다. 내가 외국인들과 수업을 하면서 배운 점 중 하나는 그들의 관계를 물어보지 않는다는 것이다. 평범한 한국의 50대 여성의 상식으로, 처음 만나는 외국인들의 관계를 예측하다가 서너 번 실수를 한 후 절대로 묻지 않기로 다짐했다. 그들이 먼저 관계를 알려주는 것 외에는 이름만 부르는 것으로 정리한다.

작업실에 도착해 준비한 차를 건넸고, 카렌과 사라의 긴장되었던 표정은 차의 향기처럼 부드러워졌다. 자연스럽게 스몰 토크를 하는 중에 그녀들의 관계가 드러났고, 카렌과 사라가 미국에서 온 모녀지간임을 알게 되었다. 카렌은 초등학교 선생님으로, 학생들에게 한국 문화를 소개하기 위해 족자를 교실에 걸어두고 싶다며 한글 족자 체험을 예약했다. 카렌은 선생님답게 "배움에 멈춤이 없다."는 문장을 선택한 후 차분하게 연습의 붓을 잡았다. 딸 사라는 "꿈은 이루어진다"라는 문장을 고른 후 처음 쓰는 한글의 구조를 이해하려고 노력했다.

그날 수업은 모녀만의 수업이어서, 우리는 따뜻한 이야기를 제한 없이 많이 나누었다.

일주일이 지나고 10월 중순의 어느 날, 안국역 6번 출구 앞에서 6명의 예약자를 차례로 만나고 있었다. 그때 노란 해바라기꽃을 내게 건네며 인사를 하는 참여자가 있었고, "이렇게 꽃을 준 손님은 당신이 처음이에요."라고 감사의 마음을 표현했는데, 그 꽃을 선물한 사람은 바로 카렌이었다. 우리는 여전히 마스크를 착용하고 있었고, 일주일 전 함께 따뜻한 대화를 나눴음에도 불구하고, 나는 그녀를 알아보지 못했다. 내가 잘하는 것 중 하나가 사람의 얼굴과 이름을 기억하는 것이었는데, 그날은 그 능력이 나를 배신했다.

카렌과 사라는 부산 여행을 마치고 도장 체험을 예약한 후 다시 만날 나를 위해 꽃을 준비해 온 첫 번째 손님이 되어 준 카렌을 못 알아보다니…. 마스크를 탓해 보아도 여전히 불편한 마음을 잠시 숨긴 채 다른 손님들과 돌에 이름을 새기는 체험을 마무리했다. 창문 밖 은행나무 잎이 밀어 넣어주는 노란빛과 사라가 엄마를 바라보는 부드러운 눈빛이 더해져 작업실 분위기는 조급함이라고는 일도 없는 가을이 주는 여유 그 자체였다.

도장 체험을 마치고 카렌과 사라는 인사동 맛집에서 점심을 먹은 후 다시 작업실로 돌아왔다. 그녀들의 세 번째 체험 수업을 하기 위해서였다. 사라는 언니에게 줄 한글 족자를 만들고 싶어 했고, "절대 포기하지 마"라는 문장을 족자에 적고서 오전에 새긴 그녀의 도장을 선명하게 날인했다. 그리고 교사인 카렌은 학생들에게 한글 자음을 가르치고 싶다며, 자음 14개를 연습하기 시작했고 자음의 획 순서를 정확하게 배우고 싶어 했다. 미국의 어느 교실에 걸어두고 한글 자음을 설명해 주는 카렌을 상상하는 것만으로도 전통 문화 로컬 호스트로서의 보람이 기대 이상이다.

카렌은 나의 작업실에 해바라기꽃을 선물한 첫 손님이자 한글 자음을 족자에 적어간 유일한 손님이다. 그녀는 인사동의 필방에서 붓과 종이, 문방사우 재료를 사고 싶어 했고, 나는 그녀를 나의 단골 필방으로 안내해 좋은 재료를 착한 가격에 살 수 있도록 도왔다. 카렌의 노란 꽃은 내 작업실 꽃병에 잘 꽂혀 있다. 시들지 않는 그 꽃을 볼 때마다, 그녀의 친절한 목소리와 성실한 태도 그리고 교사로서 멈추지 않는 배움에 대한 열정이 떠오른다.

카렌은 미국에 오면 꼭 자신의 집에 방문해 달라며 이메일 주소를 남겨주었다. 다음에 만날 때 내가 꽃을 들고 가겠다고 약속하며, 미안함을 조금 덜어냈다.

그리고 얼굴을 마스크 없이 다시 보게 된 후로, 나의 기억력도 회복되었다.

그녀와의 만남은 나에게 소중한 추억으로 남아 있으며, 그녀가 남긴 해바라기꽃은 나에게 그녀와의 인연을 계속 상기시켜 준다. 매일 그 꽃을 보면서 카렌의 따뜻한 성품과 배움에 대한 열정을 기억하고, 나도 내 자리에서 최선을 다하고자 다짐하게 된다.

2024년 8월 21일, 3명의 손님과 족자 수업을 진행했다. 네덜란드에서 온 에이미는 그중 한 명이었다. "Hi. Welcome to my studio."라 전한 나의 첫인사에 "안녕하세요"라고 한국어로 답한 에이미의 한국어 실력은 유창했고, 목소리만 들으면 거의 한국인이었다. 이스라엘에서 온 2명의 다른 외국인과 함께 수업을 시작하고 붓을 잡고 연습하는데, 그녀의 한국어 톤이 귀에 익숙하고 그녀의 웃는 모습이 낯이 익었다. 그래서 물었다. "혹시 내 수업이 오늘이 처음이세요? 혹시 전에 오지 않았어요?" 했더니 작년에 도장을 새기러 왔던 에이미였다.

딱 일 년 전, 2023년 8월에 그녀를 만난 기억이 그녀의 인사말과 함께 팡팡팡 떠오른다. 그녀는 2016년부터 K-POP 댄스를 배우기 위해 매년 서울을 방문하고 있으며, 동행한 욜크는 그녀의 제자라고 했다. 에이미는 네덜란드에 K-댄스 학원을 운영하는 배우이자 가수이며 댄서라고 자신을 소개했다. 그래서 도장을 새긴 후 돌의 측면에 음표를 새겼고, 카드의 문구에는 샤이니의 노랫말인 "수고했어요. 정말 고생했어요. 그댄 나의 자랑이죠"를 캘리그래피로 적어주기를 요청했었다.

3주간의 휴가를 내어 다시 한국을 찾은 이유도 새로운 K-POP 댄스를 강남의 댄스 학원에서 배우기 위함이었다. 여행은 덤이고 체험은 보너스인 셈이다. 그녀는 한국어 말하기 능력만큼이나 한글도 잘 썼다. "분명히 꽃이 필 날이 올 거야"를 집중하며 연습하는 모습에서 한국을 사랑하는 그녀의 마음이 온전하게 전달된다.

한국의 안 가본 도시가 없을 정도로 구석구석 찾아다닌 에이미는 한국이 처음인 이스라엘 여행자들에게 남해를 추천해주는 다정함도 보여주었다. 에이미는 내가 자신을 못 알아볼까 봐 먼저 아는 체를 하지 않았다고 한다. 내가 그녀를 보자마자 바로 알아보았더라면 그녀에게 오늘이 더 완벽하지 않았을까 하는 아쉬움이 없지 않지만, 그녀의 배려가 나의 아쉬움을 덜어주는 듯하다.

에이미와의 대화는 끝이 없었다. 그녀는 서울뿐만 아니라 한국의 여러 지방 도시를 여행하면서 느낀 이야기들을 들려주었다. 남해의 바닷가에서 보낸 시간, 전주의 한옥마을에서의 하루, 경주의 역사적인 장소들을 둘러본 경험은 그녀의 입을 통해 생생하게 전달되었다. 그녀는 매번 한국을 방문할 때마다 새롭고도 놀라운 경험을 한다며, 한국에 대한 애정을 숨기지 않았다. 나는 그녀가 이렇게 한국을 사랑해 주는 것에 대해 고마운 마음이 들었다. 또한, 그녀의 열정과 꾸준한 배움의 자세가 나에게도 좋은 자극이 되었다.

에이미는 한국의 다양한 음식 문화에도 깊은 관심을 보였다. 그녀는 서울의 전통시장부터 제주도의 해산물 요리까지 맛본 다양한 음식들에 관한 이야기를 나누며 눈을 반짝였다. 매운 음식을 잘 먹는 그녀는 특히 닭발과 떡볶이를 좋아했다며, 이스라엘 친구들에게도 한국 음식을 소개하고 싶다고 했다. 한국 음식을 통해 더욱 깊게 한국 문화를 이해하고, 한국인들의 삶의 일부분을 경험하고 싶다는 그녀의 이야기에 나도 감동을 받았다. 그녀는 이렇게 작은 디테일까지도 놓치지 않고 즐기며 배워나가는 모습이 인상적이었다.

에이미는 또한 한국의 사계절을 모두 경험해보고 싶다고 했다. 지금까지 여러 번 한국을 방문했지만, 주로 여름과 가을에 머물렀기에 겨울의 눈과 봄의 벚꽃을 보지 못한 것을 아쉬워했다. 그녀는 눈 쌓인 남산을 걸으며 따뜻한 호떡을 먹는 상상을 했고, 벚꽃이 흐드러지게 핀 여의도 공원을 산책하는 날을 기대했다. 그녀의 이러한 계획들을 들으며 나도 다시금 한국의 사계절이 얼마나 아름다운지 새삼 느끼게 되었다.

이렇게 에이미와의 시간은 흘러갔고, 그녀는 다시 네덜란드로 돌아갔다. 그녀는 떠나기 전 나에게 감사 인사를 전하며, 내년에도 꼭 다시 오겠다고 약속했다. 그녀는 항상 새로운 것을 배우고, 경험하며, 한국을 사랑하는 마음 가득한 그녀를 다시 만날 내년의 봄날이 기다려진다.

에이미와 같은 손님들과 인생의 목적에 대한 그들의 생각을 나누는 지금이 내게는 그 어느 때보다 의미가 깊은 날들이다. 인사동의 소박한 공간에서 가보지 못한 먼 나라에서 온 사람들의 문화를 듣고 한국의 문화를 나누는, 흔치 않은 경험이 이어지는 날들이 고맙다. 적어도 내게는 예측하지 못했던 일이었고 내 여정에 들어있지 않던 길이라 여겼기에, 어쩌면 발견하지 못한 채 놓치고 갈 뻔한 옵션을 선택한 지금이 참 감사할 뿐이다. 그들은 내게 나의 경험과 한국의 문화를 나눠줘서 고맙다고 하지만 나는 그들에게서 미소를 짓는 법, 친절해야 하는 이유와 인내가 가지는 가치를 배운다.

　한정된 일정으로 떠나온 여행지에서 만나는 현지인에게 받는 친절만큼이나 그곳을 아름답게 기억하는 방법이 있을까. 나는 운이 좋다. 지금까지 만난 나의 손님의 대부분은 내게 이 좋은 것들을 가르쳐 주었으니까.

　"그대, 언젠가는 꽃을 피울 것이다. 다소 늦더라도, 그대의 계절이 오면 여느 꽃 못지않은 화려한 기개를 뽐내게 될 것이다. 그러므로 고개를 들라, 그대의 계절을 준비하라. 너라는 꽃이 피어나는 계절." 김난도 교수의 <아프니까 청춘이다>에 나오는 이 문장처럼, 나는 에이미의 꽃이 필 날이 반드시 올 것이라고 믿는다. 그 계절이 내게도 다시 찾아오기를 바라며, 내년에 에이미를 만나면 그녀에게 줄 꽃을 미리 준비해 놓으리라.

위기라고 쓰였지만, 기회라고 읽어낸다.

서울 여성 공예 센터에서의 계약 기간을 마치고 다시 홀로서기를 위해 인사동을 선택한 것은 로컬문화 스토리텔러로서의 강한 의지가 반영된 결정이었다. 2020년 1월 30일에 현재의 작업실로 이사한 지 어느덧 5년이 되어간다. 이사 직후 찾아온 코로나 팬데믹은 마치 작업실 이전의 선물 같았고, 방문자 없는 작업실 문을 매일 여닫으며 새로운 정체성에 고민하는 시간을 보냈다.

그렇게 조용한 1년을 보내며 Zoom을 통한 비대면 온라인 강의 스킬을 습득하게 되었다. 내용 전달 위주의 수업은 온라인으로도 충분했지만, 손으로 하는 공예 프로그램이고 즉각적인 피드백이 요구되는, 돌에 이름을 새기는 체험을 온라인으로 진행하자는 제안을 처음에는 고집스럽게 거절했다. 하지만 나를 움직이게 한 것은 칭찬이 아니라 수업을 원하는 이들의 요청이었다.

줌 수업 진행 방식을 익히고 시연한 후, 네이버 엑스퍼트로 활동하며 내국인 대상으로 백 번의 온라인 수업을 성공적으로 마쳤다. 프로그램 툴을 다루는 데 점차 여유가 생기자 외국인 대상 수업을 진행할 기회가 찾아왔다. 외국인 대상으로 진행한 첫 온라인 수업은 2021년 7월 마지막 금요일에 서울대학교 교환학생들과의 마스터 과외활동이었다. '불금'이라는 단어가 생소해지고 '집콕'이라는 단어에 익숙해진 일상을 보내는 외국인 학생들의 슬기로운 기숙사 생활에 특별한 재미를 한국문화 체험활동으로 제공하고 싶다는 단체의 문의가 왔다. 마침내 한글을 족자에 쓰는 체험과 돌에 이름을 새기는 체험을 온라인으로 함께 진행하게 되었다.

26명의 학생들에게 재료를 보내고 도착을 확인하는 과정은 예상보다 길었다. 특히 본국으로 돌아간 여섯 명의 학생들의 재료 도착까지 확인해야 해서 시간이 더 소요되었다.

모든 준비를 마치고 <Dream together master extra-curricular activity, Korean Cultural Activity> 수업을 줌으로 시작했다. 오전의 외부 일정으로 약간 지쳐 있던 나는 온라인 수업이 시작되자 영어 하는 '헬렌'이 되어 높은 볼륨의 높은 텐션으로 작은 작업실을 들썩거리게 했다는 관전 이야기를 작업실 친구가 들려주었다.

1교시는 붓으로 한글 쓰기였다. 처음엔 어색했지만, 곧 학생들은 내 설명에 따라 획을 그어갔다. 2교시에는 새김칼로 이름을 새기는 진지한 모습들이 카메라를 통해 공유되었다. 각자의 방에서 안전하게 즐기는 모습을 보며, 이 새로운 경험이 신선하게 다가왔다. 완성작을 소개하는 온라인 전시 시간에는 최고의 새김과 필체를 뽑는 재미도 더했다.

국민체육진흥공단의 후원으로 이뤄진 이번 프로젝트의 담당자는 학생들이 아주 만족했다는 피드백과 함께 영상을 보내주었고, 세 시간 온라인 강의를 무사히

치러낸 흔적 가득한 작업실 책상이 첫 온라인 수업의 후기인듯해서 안도감이 들었다.

특히 카질로니가 한글로 쓴 "너 자신을 믿어라"라는 문구가 내 멘탈을 지켜준 오늘의 한 줄이 되었다.

코로나19는 위기였지만, 나는 이를 새로운 배움의 시간으로 만들었다. 완벽한 삶은 없기에, 미완성인 채로 닫힌 문을 열고 나아간다. 하나의 길을 걷다 만나는 새로운 문을 계속해서 열어가는 것이다.

코로나 시기 동안 예약은 한 달에 두세 번 정도로 줄었다. 그중에서 2021년 5월에 만난 필라델피아 출신의 엘리자벳은 특별했다. 여수의 중학교 영어 교사로 일하다 휴가 중 서울을 찾아 한글 캘리그래피를 배우고자 했다.

"Follow your dream"을 한글로 연습하는 그녀의 작은 체구에서 단단한 의지가 느껴졌다. 우리는 서로의 꿈에 관한 이야기를 나누는 사이, 그녀가 공예에 깊은 관심이 있으며 손으로 만드는 작업을 좋아한다는 것을 알게 되었다. 엔지니어를 전공한 그녀는 다음날 다시 방문했고 자를 사용해 정확하게 이름을 디자인하며 오차를 허용하지 않는 꼼꼼함으로 첫 도장을 완성도 높게 새겼다.

"밤하늘의 별을 따서 너에게 줄래 너는 내가 사랑하니까"라는 문구가 적힌 카드 위에 그녀는 자신의 도장을 흔들림 없이 꾹 찍었다. 마치 별을 따서 주고 싶은 특별한 사람을 떠올리며 힘을 준 것처럼 보였다.

그리고 코로나로 한가해진 시기에 잠시 작업실을 벗어나 또 다른 공간에 있었던 나를 찾아온 그녀는 아마도 행동하는 헬렌의 또 다른 면모를 보았을 것이다. 몇 달 후, 그녀로부터 뜻밖의 메시지가 왔다. 그녀가 소속된 풀브라이트 한미교육 장학재단의 한국 문화 체험 프로그램으로 내 수업을 진행하고 싶다는 내용이었다.

이전 경험 덕분에 재료 준비와 발송 등 사전 작업이 수월하게 진행되었고, 2022년 2월과 6월에 외국인 대상 온라인 한국 문화 체험 프로그램을 다시 진행하게 되었다. 이번에도 1교시 한글 체험, 2교시 도장 새김으로 구성했다. 풀브라이트 재단 소속으로 한국에서 활동 중인 50여 명의 영어 선생님들과 함께한 한글 캘리그래피 수업에서는 전통 판본체와 현대적인 한글 스타일을 소개했다.

언제나 그렇듯, 한글로 쓴 자신의 이름을 보며 모두가 좋아하는 모습은 온라인 수업에서도 예외가 아니었다. 물리적 거리에도 불구하고 마치 한 공간에 있는 듯한 생생함이 전해졌다. 줌 화면 한 페이지에 다 담기지 않는 참여자들의 표정을 놓치지 않기 위해 바쁘게 화면을 전환하며, 모든 이에게 개별적인 피드백을 주려 노력했다.

오전 8시 45분, 넘치는 에너지로 시작한 수업이

진행되면서 조금씩 지치려 할 때, 한 참여자가 쓴 "나의 호흡이 낙원에 가지 않도록"의 문구를 선택한 이유를 소개해 달라고 했고, 내 호흡이 낙원에 가지 않도록 꼭 붙잡게 해 준 문구였다는 나의 감상평을 나누며 웃음 속에 1교시를 마무리했다.

2교시 돌도장 새기기 시간에는 참여자들의 질문으로 내 브랜드명 <筆Sogood캘리>의 이중적 의미를 설명했다. 이 경험을 통해 관심과 소통은 대면이든 비대면이든 문제가 되지 않는다는 것을 알게 되었다.

외국인들에게 한국문화를 소개하는 일은 내게 단순한 job이 아닌, 새로운 영감을 맛보는 초콜릿 선물상자 같다. 특히 2교시 도장 수업은 대면 수업보다 더 높은 집중력이 요구되었고, 참가자들은 열정적으로 따라왔다. 도장 새김을 마치고 자신의 이름 도장을 족자에 찍은 후, 한글 문구를 영어로 소개하는 줌 갤러리 관람 시간을 모두가 즐겼다. 이 시간이 체험 수업의 하이라이트라고 생각하며, 물리적으로 떨어져 있지만 한 공간에 있는 듯한 매력을 공유하길 바랐다.

　　최고 참가자를 뽑는 시간에는 적극적이고 반응이 좋았던 대구의 하나를 모두가 추천했다. 마무리로 소개한 대구의 '밥 묵었나'에 숨겨진, 서로를 살피는 인사 이야기와 사투리 관련 에피소드 그리고 인감도장은 남편에게도 빌려주면 안 된다는 내 진담에 한미교육위원회 담당자의 웃음을 자아내었고 최고 참가자에게 모바일 쿠폰을 선물로 보내주며 수업은 마쳤다. 각자의 공간에서 모여 온라인으로 하나가 된 이 특별한 경험은 그들보다 내게 더 강렬하게 남았다.

　　이름 도장을 만들고 한글 족자에 찍으며 한국문화를 배우는 수업이 유익하고 즐거웠다는 후기는 마치 메인 요리 후의 달콤한 디저트 같았다. 이 수업의 영향은 예상치 못한 방식으로 다시 나타났다. 2022년 8월, 풀브라이트 한미교육 온라인 수업에서 만난 영어 교사 올리비아가 남자친구와 함께 작업실을 방문한 것이다. 경남의 중학교에서 영어를 가르치는 그녀는 학생들이 정말 귀엽다며 그들과의 소중한 시간을 만들어 가고 있는 한국 생활을 들려주었다. 지난 온라인 수업이 너무 재미있어서 한국을 방문한 친구와 꼭 다시 나를 만나고 싶었다고 들려주는 예약 배경 스토리가 '헬렌의 이름으로, 정주답게 잘하고 있구나'라는 안도감을 느끼게 했다.

붓을 잡고 쓰는 동안, 감성적인 올리비아와 이성적인 그녀의 남자친구가 만들어내는 조화로움이 작업실을 차분하게 채웠다. 멀리서 찾아온 소중한 올리비아에게 작은 선물로 마음을 전하고, 그녀의 감사 인사를 받으며 헤어졌는데 그 여운이 오래 남았다. 평범했던 오후를 특별하게 만들어준 올리비아 같은 손님의 방문은 이어졌다.

2022년 9월, 지난 2월 풀브라이트 한미교육 온라인 수업에 참여했던 웬디가 친구 조이와 함께 담양에서 올라왔다. 그녀 역시 내 수업을 듣고 꼭 방문하고 싶었다며, 미국에서 온 친구와의 서울 여행 중 체험 수업을 신청한 사연을 들려주었다. 위기가 기회로, 그 기회가 다시 선물 같은 시간으로 변모하는 것을 경험하는 기분을 누가 이해할 수 있을까. "나의 제자들이 더 많이 놀며 건강하게 되기를" 바란다는 웬디의 따뜻한 소망에, 나도 그녀에게 영어를 배우고 싶어졌다.

2021년 인사동 작업실에서 엘리자벳과 나눈 무심한 두 시간 속에 서로의 이야기가 스며들었고, 그 열정이 마음의 문을 여는 소리를 들었다. 엘리자벳의 온라인 프로젝트 제안은 두 번째 기회의 문을 열라는 신호였다. 나의 멈춤이 마침표로 완료되지 않아서 다행이다. 새로운 시작을 알리는 클릭 포인터의 잠시 쉼표가 되어 준 것임을 이제는 안다.

2021년 7월 서울대학교 교환학생들과의 첫 온라인 체험 수업에서 카질로니가 한글로 쓴 "너 자신을 믿어라"는 2024년 9월 현재까지도 나에게 필요한 말이다.

나는 지금 이 글을 쓰면서 나 자신을 믿으려고 노력 중이다. 원하는 대로, 믿는 대로 이루어지기를 바라며. 내가 스스로에게 한계를 두지 않는다면, 어떤 멈춤도 새로운 시작을 알리는 알람 소리가 될 수 있다는 것을 꾸준하게 나에게 보여주고 싶다.

멈춤은 때로 우리를 두렵게 만들지만, 그 속에서 피어나는 새로운 시작의 씨앗을 발견하게 된다. 마음이 향하는 곳으로 나아가려는 믿음의 힘을 그 작은 씨앗에서 열심히 찾아보자, 포기하지 말고.

추석은 아빠 집에서

내 체험 프로그램은 90% 사전 예약으로 진행된다. 2-3일 전에 예약하는 경우도 있고, 한 달 전 혹은 6개월 전에 예약이 이루어지기도 한다. 계획된 여행을 선호하는 사람들과 준비된 수업을 진행하는 것은 여행 중 발생할 수 있는 변수를 최소화하는 데 도움이 된다. 공항에 도착했지만 여행 가방이 도착하지 않거나, 여행 중 몸 상태가 나빠지거나 골절로 인해 병원에 가야 하는 상황, 혹은 날씨와 자연재해가 강력한 방해 요인이 되는 경우가 있다. 지나고 나면 이러한 변수도 여행의 한 부분으로 오래 기억되니, 꼭 나쁜 것만은 아닌 듯하다.

내게 2019년 추석이 변수가 되었다. 인사동으로 이전하기 전, 태릉에 있는 서울 여성 공예 센터에서 체험 프로그램을 진행할 때였다. 공공기관이기 때문에 설날과 추석 당일은 휴관한다는 사실을 인지하지 못하고 체험 예약 일정을 오픈했고, 2019년 9월 13일 추석 당일에 예약이 들어온 것이다. 지금이라면 나의 실수를 설명하고 다른 날로 대체 가능한지를 정중하게 물어보았을 것이다. 그러나 그때의 나는 내 실수가 참여자의 여행 일정의 변수가 되지 않도록 해결책을 고민했고 그 결과 찾아낸 방법이 '한국 가정에서 경험하는 전통문화 프로젝트'였다. 당시 시부모님이 미국 여행 중이셨기 때문에 추석은 나에게 여유 있는 휴일이었다. 서울 여성 공예 센터가 문을 닫을 줄 모르고 추석 당일 예약을 받은 실수를 해결하기 위해 급하게 아빠 집으로 장소를 변경했으며, 그 이유를 설명하고 진행해도 괜찮은지 물었다.

오후 5시에 만난 브랜던과 함께 친정 부모님의 집으로 향하며, 장소 변경에 대한 상세한 설명을 다시 한 후 그에게 고맙다고 인사를 했다. 추석으로 인한 장소 변경에 대해 그는 휴가 중이라 전혀 문제없다며 나를 안심시켰다. 남아프리카 출신으로 광주의 한 학교에서 영어 교사로 일하고 있다고 소개한 그는, 소질은 없지만 손으로 만드는 것을 모두 좋아한다고 했다. 목공, 은공예, 가족 공예, 요리 등 다양한 작업 경험을 쌓고 있는 그가 선택한 체험은 도장 새김이었다.

　　친정아버지 집 문 앞에 도착해 6.25 전쟁 참전용사 팻말을 설명하고, 한국 가정의 모습을 보여주었다. 처음이자 마지막으로 소개한 손님인 브랜던을 부모님은 반갑게 맞아주셨고, 한과를 대접하며 추석 이야기를 시작으로 가족 이야기, 자녀 교육 이야기, 삶에 관한 이야기 등 다양한 주제로 이야기를 나누었다. 그는 왜 결혼반지를 끼지 않느냐고 물으며, 파트너가 있는지 없는지를 인지할 수 있는 반지 착용 이유를 알려주었다. 그리고 "헬렌" 대신 "정주"라는 이름을 사용하는 것을 조언해 주었고, 영어 발음이 나쁘지 않다는 친절한 체크도 해 주었다.

　　수업을 마치고 보름달이 잘 보이는 곳으로 함께 산책하며 한가위 보름달을 보고 소원을 비는 한가위 문화를 더 알려주었다. 작업실 휴관으로 인해 벌어진 그날의 체험은 브랜던에게도, 나에게도 매우 독특한 기억으로 남았다.

2022년 8월에는 인사동 작업실 열쇠를 잃어버리는 바람에 1층 셔터를 올리지 못하게 되는 해프닝이 벌어졌다. 예약 시간은 거의 임박했고, 작업실 문을 열 수 없는 상황에서 열쇠 수리점을 검색하던 중 인사동에서 유일하게 알고 지내는 필방 사장님이자 판본체를 가르쳐 주신 선생님이 떠올랐다. 전화기 너머로 상황을 들은 필방 사장님의 배려로 필방의 한 공간을 빌려 수업을 진행할 수 있었다.

텍사스에서 온 마티는 2주간의 자가 격리를 마친 바로 다음 날 도장 만들기 체험을 참가했다. 내 작업실 열쇠 분실사건을 설명하며 체험 장소 변경에 대한 허락을 구했고, 그녀는 전혀 문제 될 것 없다며 나를 오히려 안심시켰다. 생각해 보면 나는 손님 복이 참 좋은 것 같다. 연필, 종이, 돌, 새김칼, 인주와 인상이 필요한 도장 체험을 진행하기에 그곳보다 더 안전한 장소는 없었다. 필방에서 도장 만들기 재료들을 잠시 빌려 부족함 없이 체험을 진행할 수 있었고, 체험을 마친 그녀는 재료까지 구경하고 구입할 수 있었던 그 수업이 그녀의 경험 중 가장 기억에 남은 시간이었다고 나중에 전해 주었다.

길었던 그녀의 머리카락을 잘라 암 환자들에게 기부하고 여행길에 오른 그녀를 다시 안국역 6번 출구까지 배웅하며 자신이 가진 것을 나누는 그녀만의 방법을 알게 되었다. 외국인들과 진행하는 체험 수업을 통해 그들이 '친절'과 '배려'의 덕목을 얼마나 가치 있게 여기는지를 배우게 된다.

2020년 10월에, 인사동에 있는 아리수 전시관에서 9명의 작가와 함께 여름 내내 준비한 전각 작품 전시회를 열고 있었다. 2020년 10월 22일은 내가 전시 지킴이를 하는 날이었기 때문에 외국인 참여자와 예정된 장소보다 더 다양한 새김의 작품을 구경할 수 있는 갤러리에서 도장 체험을 진행할 기회를 제공하고 싶어졌다. 이런 기회는 다시 없을 것이라 여기며, 내가 전시장을 지키는 날에 예약한 잔드리아를 전시장으로 안내해 수업을 진행했다. 흔하지 않은 기회를 준 것에 대해 그녀는 매우 고마워했다. 예술을 좋아하는 그녀는 애니메이션을 배우며 열심히 모작 연습 중이라고 했다. 모든 예술 분야가 그렇듯이, 모방에서 시작해 따라 쓰고 그리면서 발전하고 성장하는 것이 아니겠는가.

혼자 여행하는 그녀를 걱정하던 그녀의 어머니는 3년 전 돌아가셨고, 5년 전 아버지도 세상을 떠나셨다는 말을 하며 새김 작업에 더욱 몰입했다. 새김을 마친 후 그녀는 전시된 작품 하나하나를 매우 유심히 관람했고, 내 작품 앞에서 사진을 함께 찍기도 했다. 내가 책을 낼 계획을 이야기하자, 영어로도 꼭 출간하라고 격려해 준 그녀와 전각 전시장에서 체험을 함께 한 그날은 서로에게 잊지 못할 하루로 남았다. 예상하지 못한 곳에서의 수업은 공간에만 국한되지 않는다.

예약 없이 작업실 구경을 왔다가 바로 체험에 합류하는 경우도 종종 있다. 2024년 한여름의 무더위를 보내고 있던 어느 날 오후 4시, 작업실 문을 '똑똑' 두드리는 소리와 문고리를 돌리는 소리가 들렸다. 문밖에 서 있는 세 명의 여성은 히잡을 쓴 채 환한 미소로 나에게 인사를 했다. 처음에는 상품에 관심이 있어 구경하러 들어왔는데, 도장을 주문해도 되느냐고 묻더니, 결국 직접 해보는 쪽으로 방향을 돌려 예약하지 않았는데도 체험 수업이 가능한지 물었다. 다행히 다른 예약이 없었기에 그녀들을 위한 한국 문화 스토리텔러가 되어보기로 했다.

브루나이에서 왔다고 소개한 그녀들은 인도네시아와 말레이시아 사이에 있는 작은 섬나라 브루나이에서 인천까지 약 5시간의 비행을 거쳐 전날 도착했으며, 서울에서의 첫 일정으로 인사동을 선택했다고 했다. 한국 드라마를 좋아하는 그녀들은 매운 한국 음식도 사랑하며, 한국어를 공부한 덕에 자신의 이름을 한글로 쓸 줄도 알고 있었다. 그들 중 한 명은 한국어 대화도 어느 정도 가능해 보였다. 한 참여자는 체험 수업을 마치고 잠시 기도할 수 있겠느냐고 물었고, 도장을 새긴 후 준비해 온 검은색 매트를 바닥에 깔고 검은색 덧신과 옷을 걸친 뒤 기도 시간을 지키는 무슬림의 전통적인 모습을 보여주었다.

어떤 자리에서든 정성을 다해 자신의 신념과 규율을 지키는 모습에서 규율에 느슨해졌던 내 태도를 반성하게 되었다. 그녀들 덕분에 내 작업실을 방문해 준 나라 목록에 새로운 나라가 추가되었다.

브루나이에서 온 첫 번째 손님으로 기록될 그녀들이 예상하지 못했던 방문이 더 유난히 즐거웠던 이유는 그녀들의 밝고 환한 에너지 덕분이었다. 힘들었던 월요일, 오전 강의와 오후 체험 수업으로 바닥난 체력에 그

녀들의 건강한 웃음이 큰 에너지가 되었다. 한글 이름, 영어 이름, 그리고 한자 이름으로 각각 다르게 디자인한 것도 독특했고, 고급 케이스에 도장을 넣으며 어린아이처럼 행복해하는 그녀들의 모습이 내게 큰 보람을 안겨 주었다. 예정된 곳으로 가는 것도 즐겁지만, 계획하지 않았던 예상 밖의 경험이 주는 재미는 기대 이상이다.

몇 년 전, 시드니를 여행했을 때 지하철을 타기 위해 이동 중에 첼로 소리가 지하도에서 흘러나왔다. 바쁘고 지루한 출근길에 들리는 클래식 음악은 출근하는 사람들과 여행하는 사람들에게 정말 예상하지 못했던 기쁨이었다. 연주가 계속되자 분위기는 점점 무르익었고, 익숙한 팝송이 흘러나오자 사람들은 걸음을 멈추고 미소 짓기 시작했으며, 일부는 노래를 따라 부르기도 했다. 십여 분간의 짧은 공연이었지만, 지하도를 걷는 모든 사람의 아침을 더 밝게 만들어 주었다. 평범한 출근길에 만난 깜짝 연주가 특별한 아침으로 기억되듯, 추석날 아빠 집에서의 브랜던의 경험, 열쇠 분실로 필방에서 진행했던 마티와의 수업 그리고 전각 전시장에서 도장을 새겼던 잔드리아의 이야기가 모두에게 오래도록 좋은 추억으로 남기를 바란다.

때때로 예상치 못한 순간들이 우리 앞에 놓인다. 하지만 그 속에서 나는 배웠다, 아름다운 순간들은 종종 계획의 틈새에서도 피어날 수 있음을.

지하철역의 첼로 선율처럼, 일상의 예기치 않은 선물들은 우리의 발걸음을 잠시 멈추게 하고 마주 보고 웃게 하며 새로운 연결고리를 만든다. 실수와 우연이 빚어낸 미완의 아름다움이 주는 기쁨에 반할 준비를 하고 있다.

어쩌면 우리의 삶도 그런 것인지도 모른다. 계획된 일정표 사이사이에 끼어드는 예상치 못한 만남들, 그 속에서 피어나는 소중한 이야기들. 그것이 우리의 날들을 더욱 다채롭게 만드는 것은 아닐까. 기다린다, 또 어떤 예상치 못한 이야기가 문을 두드릴지를

7장

Hello, Emotions!

정답지 없는 문제집 들고

    2022년 8월, 홍콩 출신으로 호주에서 유학 중인 힐러리가 서울의 한 대학교 교환학생으로 공부하며 나와 체험을 진행했다. 수업 전에 한글로 메시지를 주고받았고, 작업실에 들어서며 한국어로 인사하는 그녀를 나는 한국 사람으로 착각할 뻔했다. 신촌에 있는 대학에서 디지털 미디어를 공부하고 있으며 이번 주까지만 한국에 머물다가 호주로 돌아간다고 했다. 그녀는 혼자서 연습한 캘리그래피 결과물을 보여주었는데, 핸드폰 화면을 가득 채운 그녀만의 느낌이 담긴 한글이었다. 그녀는 카드에 적어주었던 "마음먹은 대로"를 쓴 내 글씨를 보고 인터뷰를 부탁해도 되냐고 물었다. 마지막 수업 과제 주제인 '한국 캘리그래피에 관한 보고서'에 들어갈 영상 촬영과 인터뷰를 조심스럽게 요청한 것이다.

    사실 힐러리 이전에도 프랑스에서 교환학생으로 온 대학생 도리아와 유사한 영상 촬영 경험이 있었다.

힐러리는 사전에 자신의 프로젝트에 대한 설명과 질문지를 PDF 파일로 보내 내 이해를 도왔다. 그녀는 내 책 <캘리쓰기의 힘>을 교보문고에서 구입한 사진을 보내왔고, 그 책을 읽으며 많은 영감을 얻었다고 했다. 은행원에서 캘리그래피 강사로, 한국 문화 스토리텔러로 성장하고 있는 이야기가 도움이 되었다는 말에 마음이 움직여 인터뷰에 응하게 되었다.

연말에 그녀는 영상으로 제작된 결과물을 발표했고, 그 영상을 나에게도 보내주었다. 크리스마스 즈음해서 서울에 올 계획이라며 감사 인사를 하고 싶다고 했지만, 나의 해외 일정으로 만남이 성사되지는 못했다. 그리고 2024년 1월, 그녀가 다시 한글 족자 체험을 예약하고 환한 미소를 지으며 3층 작업실 유리문을 씩씩하게 열었다. 한국을 사랑하는 그녀에게는 이제 '문아현'이라는 한국 이름도 생겼다. 그녀는 내 책을 읽으며 만든 그 프로젝트 덕분에 대학교를 졸업할 수 있었다며 감사한 마음을 전했다. 그녀는 아이패드로 글씨를 쓰고 편집해서 판매까지 하고 있다며 근황을 알려주었다. 배우고 응용하고 편집하는 능력이 탁월해 보였고, 그녀의 전공과도 잘 어울렸다.

굳이 체험 수업을 예약하지 않아도 되었을 텐데, 힐러리는 나에게 감사의 마음을 자연스럽게 전하고 싶어서 수업을 예약한 듯했다. 그녀가 활기차게 붓을 잡고 한글로 쓴 "길었던 밤은 안녕"이라는 글씨에서 고민 많았던 어제가 정리되고 내일을 위한 선택에 대한 그녀의 의지가 읽혔다. 상상하고 도전하며 실현하는 그녀의 과정들이 나와 닮아 보여서, 그녀의 다음 스텝이 더 궁금해졌다.

럭비공은 모양이 길쭉해 원형 공보다 불규칙하게 튀어 오른다. 그 불규칙한 반동이 주는 역동성과 반전의 매력에 끌리는 사람들이 적지 않다. 사람들은 안정적인 것을 추구하는 듯 보이지만, 때로는 어디로 튕겨 나갈지 모르는 럭비공 같은 상황에서 더 높이 튀어 오르는 즐거움을 느껴보고 싶은 숨겨진 간절함이 있다. 홍콩에서 태어나 호주에서 공부하고 한글을 배워 한국에서 일하고 싶어 하는, 어디로 튕겨 나갈지 모르는 럭비공 같은 그녀의 운동력이 그녀의 경기를 더욱 흥미롭게 만들어 주는 관전 포인트가 아닐까.

　　내 수업을 다녀간 많은 외국인 중 처음으로 내 책을 구입한 사람은 윌리엄이었다. 2018년 11월, 태릉입구 6번 출구에서 만난 그는 캐나다 해군으로, 제주도와 부산은 여행해 봤지만 서울은 처음이라고 했다. 부산에 배가 잠시 정박해 있는 동안 서울 여행길에 올랐고, 공예에 관심이 많아 다양한 공예 수업을 체험한 그는 돌에 새기는 도장 체험을 기대하고 있었다.

　　영어뿐만 아니라 불어도 능통한 그의 조용하고 사려 깊은 품성이 대화 속에서 느껴졌다. 특히 내 이야기를 관심 있게 듣고 여러 질문을 하더니, 작업실에 비치된 <캘리쓰기의 힘>이라는 내 책을 사고 싶다고 했다.

순간, 판매를 거절해야 할지 잠시 고민했다. 한글을 읽을 줄 아느냐고 물었을 때, 그는 읽을 줄 모른다고 했기 때문이다. 잠시 망설이는 나의 표정을 읽었는지, 그는 한글을 배워서 읽겠다고 덧붙였다. 감동을 전하려다 감동에 빠진 날이었다. 그때는 물어보지 못했다. 왜 책을 사려는지를. 다시 만날 기회가 있다면 늦게나마 물어보고 싶다. "당신은 내가 만난 손님 중 기억에 가장 먼저 떠오르는 특별한 손님이에요"라고.

캐나다에 오면 도보여행을 꼭 해 보라고 여행지를 추천하는 그에게 서울 여행에서 만난 나와의 체험이 잊지 못할 기억으로 한 줄 남았기를 바란다. 내 기록 노트에 소중한 기억으로 남았듯이 말이다. 내 책을 구입한 사람들에게 미안하지 않기 위해서라도 더 열심히 살아야겠다는 생각이 들었다. 책 속의 내용처럼 어제보다 오늘 더 집중하며 성장하고 싶은 나의 소식을 그들에게 전하고 싶다. 캘리그래피와 수제도장 새김이라는 한국 문화를 소개하며, 세계 곳곳에서 온 여행자들과의 소통은 시간이 지날수록 나에게 많은 유익이 되어주고 있다.

　　먼 나라의 사회와 문화를 여행자들을 통해 들으면서, 삶을 채워가는 여정의 방식은 달라도 품고 있는 고민은 크게 다르지 않음을 알게 된다. 그리고 새롭게 배운 것이 있다면, 그들의 여행 가방에는 대체로 책과 노트가 빠지지 않는다는 점이다. 세대를 불문하고 가방 속에는 책이 있거나 그림을 그리는 노트, 기억을 남기는 여행 다이어리가 있어 내가 적어주는 카드를 넣을 때도 유용하게 쓰이는 모습을 자주 목격했다. 그래서 나의 첫 솔로 여행 배낭에 책을 넣었던 이유가 되었다.

내 책을 구입한 두 번째 손님도 선명히 기억에 남는다. 2019년 7월의 흐린 화요일, 프랑스에서 온 카이나와 이네스가 방문했다. 그해 소르본 대학에 입학한 신입생이라고 자신들을 소개한 그녀들은 삼촌을 방문하기 위해 한국을 찾은 쌍둥이 자매였다. 내 체험이 서울에서 처음 예약한 수업이었고, 서울에 도착한 지 5일밖에 되지 않았지만, 서울 곳곳을 탐험하고 있었다. 남대문, 동대문, 홍대까지 구석구석을 둘러보았다는 카이나는 프랑스의 세종학당에서 한글을 배웠고, 이네스는 중국어를 배웠다고 했다. 우리는 웃음이 끊이지 않는 가운데 수업을 마쳤다. 내 딸들을 보는 것 같아서 "너희 부모님도 너희를 자랑스러워하실 거야"라고 말했더니, "정말 그럴까요?"라며 웃었다. 매일 투닥투닥 거리지만 서로에게 없어서는 안 되는 소중한 친구라고 했다.

그녀들은 방탄소년단, 블랙핑크, 블락비 등 K-POP과 K-드라마를 좋아했고, 한국 동요도 메들리로 들려주었다. "아빠 힘내세요"를 시작으로 "우리 다 함께", "곰

세 마리", "종이비행기", "학교 종이 땡땡땡"까지. 잠시 초등학교 음악 수업 시간으로 돌아간 듯한 기분이었다.

　　내 이야기를 듣고 내 책을 구입한 카이나는, 배우고 있는 한글을 더 잘 배워서 읽겠다고 했다. 2012년에 다녀왔던 파리를 다시 방문하게 된다면 그때 자신들을 찾아달라며, 우리는 3년 후에 만나기로 약속했다. 카이나는 당시 고3이었던 내 딸의 대학 입시에 행운을 빌며 마지막 인사를 남겼다. 아직 그 약속을 지키지 못한 마음이 무겁다. 카이나는 의사가 되어 한국에서 살고 싶다고 했고, 이네스는 법을 공부해 파리에서 중국기업을 대상으로 일하고 싶다고 했다. 정말 단단하고 멋진 그녀들의 꿈이 어디쯤 도착했을지 궁금하다.

　　그리고 따뜻한 햇살 같은 마음을 남긴 다이아몬드를 2021년 7월에 만났다. 한글 족자에 쓰는 체험으로 시작된 우리의 첫 만남은 다른 수업과 크게 다르지 않았지만, 그녀의 특별한 사연을 들으며 점점 가까워졌다. 그녀는 의정부에서 미군으로 복무하다 본국으로 돌아갔고, 2021년 2월부터 서울에 머물며 여행 중이었다. 8월에 집으로 돌아가기 전, 도장 수업뿐만 아니라 한글을 족자에 쓰는 체험과 전통 노트 만드는 수업까지 빠짐없이 참여했다.

네 번의 만남을 하는 내내 환한 미소를 보여주었던 그녀는 아들을 잃은 슬픔을 이겨내고 있었다. 가만히 입술을 다문 채 수업에 집중하며, '언제나 평안하기를'이라

는 문구를 족자에 적었다. 언제나 따스한 햇볕이 그녀와 그녀의 아들에게 함께 하기를 바라는 마음이었다. 그리고 내 책에 관심을 보이며 사고 싶다고 했을 때, 그녀의 선한 표정이 더 아프게 다가온 이유를 알 것 같았다.

그해 여름, 우리는 네 번의 만남을 가졌다. 작업실에서도, 카페에서도 우리의 이야기는 계속되었고, 그녀는 내 책을 구입한 세 번째 여행자가 되었다. 8월 10일 출국하기 전 마지막 인사를 위해 작업실을 찾은 그녀에게 전통 노트 만드는 시간을 선물했다. 그리고 노트의 앞면에 적어달라는 요청한 'sunshine'을 담고 집으로 돌아갔다. "Thank you so much for everything ♡ You are such a wonderful person. I'm so happy to have met you my new friend." 그녀의 마지막 메시지가 왜 이렇게 따뜻하게 느껴졌는지 알 수 있었다, 온기를 남기고 떠난 그녀의 마음의 온도 때문이라는 것을.

2023년 7월, 전철을 잘못 타서 30분 정도 늦어진 상황을 설명하며 전통 노트 만들기 체험에 온 이모와 조카는, 노트를 완성한 후 좌우명인 '웃으며 건강하게 살자'를 마지막 장에 적어달라고 했다. 웃으며 건강하게 살고 싶은 리는 수업을 마친 후 찍은 사진과 함께 메시지를 보내왔다. 내 책의 표지를 그녀가 보낸 메시지에서 보게 될 줄은 상상도 못 했다. 예상 이상의 놀라움이었다. 책을 출간한 후 다시 읽을 용기가 나지 않아 책장에 꽂아두기만 했는데, 그녀 덕분에 다시 꺼낼 용기를 얻었다. 다시 책을 뒤적이다가 새롭게 다가오는 한 문장에서 멈추게 되었다.

"우리에게 필요한 것은 금손이 아니라 하려고 하는, 의지의 움직이는 손이다. 멈추지 않고 오늘 할 수 있는 만큼 움직이면 된다." 나이가 쌓이면서 깨달았다. 재주와 명석함이 꾸준함이라는 실행의 양탄자 위에 놓여 있을 때 더 돋보인다는 것을. 예쁜 손이 좋고, 다듬어진 손은 더 좋다. 그러나 오래 가지고 싶은 손은 움직이는 손이다. 기록으로 시간을 기억하는 나의 손이 꾸준하게 움직였으면 좋겠다. 붓을 잡든, 칼을 잡든, 키보드를 두드리든.

폴란드 작가 올가 토카르추크의 책 <방랑자들>에 이런 문장이 나온다. "움직여. 계속 가. 떠나는 자에게 축복이 있으리니…" 우리는 각자 한 권의 문제집을 가지고 산다. 그 정답지 없는 문제집을 말이다. 문제집에 있는 문제는 각기 다르기에 남의 것을 따라 해도 소용없고 남의 답지를 오려 붙여도 풀리지 않는다. 우리는 모두 각자의 언어로, 각자의 방식대로 삶이라는 문제집을 풀기 위해 고민해야 하고 연필을 잡은 손을 움직여야 한다. 그리고 각자의 길로 떠난다. 축복의 정답지가 놓인 곳으로. 그러니 오늘도 부지런히 즐겁게 움직인다. 정답지 없는 문제집 한 권을 잘 풀어보고 싶어서.

주의사항 : 그 여정 가운데 만나는 서로의 이야기에 귀 기울이고, 마음을 나누며 내 문제 풀이에 대한 지혜를 정답보다 먼저 얻게 될 수도 있으니 너무 조급하지 마시오.

안아줘도 될까요?

　유대인의 속담 중에 "집에 손님이 없으면 천사도 기적도 없다"라는 말은 베푸는 행위 자체의 가치를 말해준다. 손님을 맞이하는 것이 축복의 기회이고, 다른 사람들과의 교류를 통해 우리는 새로운 경험과 통찰을 배울 수 있기 때문이다. 그런 의미에서 매일 천사와 기적을 만나는 축복의 시간 속에 살아가는 내게는 천사도 기적도 부족하지 않다. 나를 찾아오는 천사가 선물까지 가지고 나타난다면 이보다 더 기쁜 일이 어디 있을까.

　2024년 여름, 유월의 따가운 햇빛으로 온도가 높았던 오후 2시, 내게 새로운 천사가 찾아왔다. 아들 알렉산더와 함께 들어서는 카렌의 이마를 타고 흐르는 땀에 내 시선이 머무는 동안, 그녀의 시선은 그녀가 메고 온 배낭으로 향했고, 그녀의 손은 가방을 열어 무언가를 찾았다. 그리고 두 손으로 공손하게 나에게 건넸다. 고운 꽃 카드와 스코틀랜드 국기 스티커, 스코틀랜드 국기가 그려진 볼펜, 배지, 특히 스코틀랜드 국기와 한국 국기가 함께 있는 엠블럼까지 담긴 고운 파우치를 나에게 두 손으로 건넸다. 마치 마음을 나누며 여행지를 기억하는 그녀만의 소중한 의식 같았다.

더 고마운 마음을 담아 수업을 진행하는 것이 나의 보답이었다. 한국에 관심이 많았던 알렉산더의 제안으로 첫 한국 여행을 계획했다고 한다. 한글을 쓸 줄 알았던 알렉산더는 시크한 십대 청소년이라 질문도 없었고, 대답도 적어 그의 목소리를 거의 들을 수 없었다. 그는 한국에서 일하고 싶다고 할 정도로 한국에 빠져 있었다. 알렉산더를 위해 여름휴가로 선택한 한국의 음식에도 엄마와 아들 사이의 온도 차가 확연했다. 매운 K-푸드를 사랑하는 아들과 너무 매워서 적응하기 힘들다는 엄마. 아들이 좋아하는 한국 문화를 이해하기 위해 음식 대신 드라마를 선택한 카렌은 K-드라마의 매력에 빠져 나올 수 없다고 하며, 내가 미처 보지 못한 드라마를 소개해 주기도 했다.

한국을 좋아해서 고향을 떠나 한국에서 직장을 가지고 싶어 하는 아들을 걱정하는 카렌과 한국에 온 것이 그저 좋은 알렉산더, 그날의 천사들에게 먹을 갈고 벼루 위에서 진한 먹물을 만드는 낯선 경험을 소개하는 이 즐거움이 분명 축복이고 감사가 아닐까. 밀린 주문을 처리하고 멍해진 나의 감각을 깨우며 작동 버튼에 빨간불이 켜지게 하는 나의 손님들에게 한글의 탄생 이야기를 들려주는 스토리텔러가 된다.

유명 관광지인 인사동의 거리는 조용하지 않다. 분주한 사람들 사이를 걸으며 많은 기념품 매장을 구경하고, 선물을 구입하는 바쁜 시간을 보내다가 들어선 오래된 건물 3층 작업실에서 그들의 본래 감성을 조용하고 느긋하게 풀어낸다. "결코 꺼지지 않는 빛"을 적은 알렉산더의 문구는 꺾이지 않은 자신의 의지로 읽히고, "기억은 영혼의 향수다"라는 문구가 담긴 카렌의 족자에서는 영혼의 향기가 난다.

 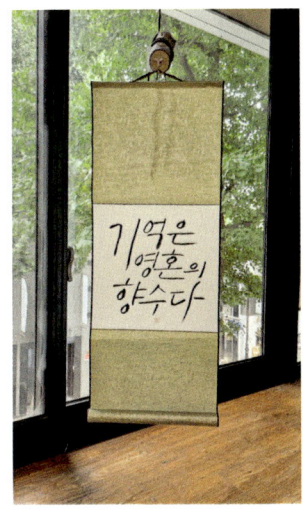

    알렉산더보다 먼저 한글 족자를 완성한 카렌은 내 책을 펼치며 나의 이야기를 들려달라고 했다. 내가 체험을 소개할 때 현재 내가 하는 일에 대해서 간략하게 언급했지만, 내 배경 이야기는 질문에 대한 답으로 풀어내는 경우가 대부분이었다. 그녀는 아마 알았던 것 같다, 내가 그녀와 나누고 싶었던 무언가를 가지고 있다는 것을. 그리고 작업실을 떠날 때 그녀는 내게 말했다, "안아줘도 될까요?" 나는 이미 촉촉한 눈빛과 감탄사로 그녀에게 대답했다.

선물은 주는 이의 마음을 담는 그릇이라고 한다. 카렌은 그녀의 마음을 담아 나를 안아주는 선물을 다시 주고 떠났다. 누군가를 안아주는 행위의 어여쁜 역할은 두려움으로부터 보호받는 어루만짐이고, 어떤 설움으로부터 진정되는 감촉이라고 생각한다. 이 어여쁜 역할의 감촉을 나누는 법을 그들로부터 배우며 경험한다. 서울에서 시작되어 부산으로 이어지는 그들의 여행이 영혼의 향수 같은 기억으로 오래도록 그들 곁에 머물기를 바랐다.

"Thank you Helen, it was a very special and wonderful experience that I shall never forget because of you. Karen." 큰 도시 서울에서 경험했던 작은 체험 수업을 하고 남긴 그녀의 메시지는 무더운 온도 탓에 눅눅해진 마음과 습기에 끈적거리는 생각을 밀어내는 시원하고 싱그러운 바람이 되어주었다.

2023년 10월, 일요일에 하와이에서 온 레이첼과

베로니카의 방문이 있었다. 여의도 순복음교회에서 주일 예배를 보고 오느라 20분을 지각한 그녀들은 가쁜 숨을 몰아쉬며 들어섰다. 모녀 사이임을 알려주기에 충분한 똑같은 웃음을 지으며 가쁜 숨과 갈증을 동백꽃 차로 달랜 뒤, 자신의 이름을 천천히 새기고 여유 있게 다듬었다. "구원의 은혜"와 "여호와는 나의 목자시니 내게 부족함이 없으리라"를 각각의 카드에 캘리그래피로 적어 건네자, 레이첼과 베로니카가 나를 위해 기도해 줘도 되냐고 물었다. 이런 교감은 흔하지 않은 경험이었다.

내 집 문을 열어 맞이하는 손님이 가지고 오는 기적을 선물처럼 받고 있다. 그들이 남기고 가는 선물로 인해 내 하루가, 내 일상이 부족함 없이 채워지고 있음을 알게 되었다. 열어 놓았던 작업실 창문을 닫고, 내 집을 찾아온 천사들로부터 나를 위한 축복의 기도를 받았다, 서로의 손을 잡고 하는 기도의 힘을 믿으면서. 이런 경험은 처음이라 더 강하고 선명한 기억이 된다. 한국에서 미국으로 선교를 왔던 그녀의 할아버지의 할아버지 신앙을 물려받은 레이첼과 베로니카의 기도는 내 공간의 공기만을 진동한 것이 아니라 작업실 빈틈 사이에 꽉 채워져 있다.

가끔 선물은 배달로 날아오기도 한다. 2023년 오월에 만난 부부 잭과 제이콥은 포틀랜드에서 온 손님이었다. 병원에서 일하는 잭과 제이콥은 매우 건강해 보였고, 생각도 긍정적이었다. 나의 시누이가 포틀랜드에서 살다가 흐린 날씨로 인한 우울함을 피해 애리조나로 이사했다는 이야기로 시작된 대화는, 의료보험과 복지 혜택으로 확장되어 그들의 전문적인 주제로 이어졌다. 잭은 한글 이름과 영문을 함께 디자인했고, 꼼꼼하게 새긴 양각 도장을 품에 안으며 이 체험 수업에서 받은 기분을 "멋진 치유와 힘"이라고 표현하며 카드에 적어달라고 했다. "짧은 인생 많이 웃어라"를 캘리그래피로 적어달라고 요청했던 제이콥은 내게 자신의 명함을 건네며 집에 도착하면 오늘 새긴 도장을 찍은 엽서를 보내주겠다고 약속했다.

그리고 잊고 지내던 어느 가을날, 미국에서 날아온 엽서를 선물 받았다. 춘천 여행 중에 구입한 것으로 보이는 엽서에 응원과 감사의 안부를 전하며 부부의 도장을 찍어 진짜로 보내왔다. 약속을 지켜준 것에 감사하고, 나와 함께한 시간을 기억해 준 것에 감동했다. 멀리서 보내온 그들의 묵직한 선물 덕분에 그들과 함께한 시간이 빠짐없이 기억되는 이곳에서 매일 맞이하는 손님의 기적을 또 기대하게 된다.

코로나는 쉽게 물러나지 않았지만, 여행 가방을 꼼꼼히 싸고 자가격리를 하면서도 자신의 여행 버킷리스트를 감행하는 용감한 여행자들을 건강하게 만난 적도 적지 않았다. 2021년 11월, 한 통의 국제 우편을 받았다. 봉투에 적힌 이름을 보고 누구인지 바로 알 수 있었고, 그녀의 정성과 마음이 풀에 붙여 떨어지지 않게 잘 담긴 편지가 도착했다. 그녀는 2020년 12월 마지막 날, 동창생 리디아와 함께 내 작업실 문을 두드린 콜린이었다. 오하이오에서 온 고교 동창생들은 그날이 이십 대의 마지막 날이며, 다음 날 삼십 대가 시작된다며 설렘을 가득 품고 나타났다. 그해 가장 추웠던 겨울날, 그녀들은 보라색 롱패딩을 맞춰 입고 나타났고, 2021년 2월 말까지 한국에 머무는 일정으로 한국을 찾았다. 콜린은 슈퍼주니어 팬이라고 하며, 슈퍼주니어와 함께 나이 들어가는 것이 기쁘다고 했다.

그녀는 동방신기에 대해서도 잘 알고 있었고, 일러스트레이터라고 자신을 소개하며 한국 음식도 만들어 먹을 정도로 한국 사랑에 진심이었다. 삼계탕을 좋아하고, 그날도 추위를 잠재울 식사로 삼계탕을 먹을 예정이라고 했다. 리디아 역시 패션디자이너여서 둘 다 디자인 감각이 뛰어났고, 작업을 위해 자가 있는지 물었다. 한국 문화에 높은 관심이 있는 콜린은 자신의 생일이 1월 1일이라며 "첫해"를 양각으로 새겼고, 리디아는 자신의 이름에 있는 획을 활용해 공간을 배분하는 디자인으로 예술적인 새김을 완성했다. 둘 중 누구 하나 부족하지 않은 훌륭한 솜씨를 보여주기 위해 1시간을 초과해 작업이 마무리되었다. 2020년의 마지막 수업이라서 그랬을까, 아니면 그녀들의 마지막 20대를 잘 마무리해주고 싶어서였을까. 한 해의 마지막 날을 함께한 우리는 그렇게 수다스럽지는 않았지만, 매우 진심 어린 이야기를 나누며 제한 없는 시간으로 수업을 이어갔다.

콜린의 새해 소망은 가족과 친구들이 모두 건강하고 행복하며, 자신은 30대에 꿈을 이루는 것이었다. 리디아는 자신만의 패션 스타일을 완성하고 그것으로 새로운 출구를 찾는 것이 새해 소망이라고 적어주었다. 그리고 다음 날, 2021년 새해 첫날 해돋이를 보고 나서 그녀들은 다시 내 작업실로 모였다. 마지막을 함께했으니 시작도 함께해야 할 의미를 품고 더욱 친밀한 사이가 되는 순간이었다. 콜린은 "개천에서 용 난다"를 족자에 쓰고 승천하는 용의 모습을 담으며 자신의 도장 "첫해"를 찍었다. 그때는 그녀의 용이 무엇을 의미하는지 정확히 몰랐으나 이제는 알 수 있다. 그녀는 누구보다 생생하게 인지하고 서울을 찾았으며, 체험을 통해 자신의 의지를 각인하고 가슴에 새겼을 것이다. 그것을 위해 한국을 찾아온 것이 느껴졌다.

코로나도 막지 못한 콜린의 한국 여행은 무사히 마쳤고, 돌아간 그녀가 편지 봉투에 담아 보내온 따뜻하고

예쁜 선물을 2021년 깊어가는 가을에 받게 되었다. 나를 기억해 주는 마음과 아무것도 아닌 '헬렌'을 무언가가 되게 하는 기적 같은 주문을 담아서. 그녀가 직접 그린 엽서에는 나에 대한 고마움과 다음 만남에 대한 기대감이 꾹꾹 눌러 담겨 있었다. 무슨 일을 시작할 때 그 효과에 대해 이제는 그리 염두에 두지 않는다. 하고자 하는 일이 내게 매력적이라면 어색한 만남도, 어설픈 시작도 꾸준하게 채워가다 보면 아름다운 천사와 작은 기적을 만나게 되는 것을 알고 있기 때문이다. 콜린을 다시 만나면 물어봐야지, 그녀에게도 내가 그런 천사가 되었는지를.

선물이 된 체험

    생일이나 기념일에 받았던 선물 중 가장 먼저 떠오르는 것은 받았던 물건이 아니라 특별하게 준비된 이벤트가 더 생생하게 기억에 남는다. 싱가포르행 비행기 안에서 받았던 생일 케이크와 축하 편지가 가장 맛있게 먹었던 생일 케이크로 기억되는 것처럼, 특별한 날을 축하하기 위해 남편이 준비한 정성에 감동했고 그 정성은 내 장기 기억 속에 깊숙이 자리해 절대 잊히지 않을 선물이 되었다. 특별한 날을 기념하는 이벤트와 선물로 내 체험 수업이 종종 예약되기도 한다.

    2023년 9월, 호주에서 온 63세의 바바라를 만났다. 여섯 번째 한국 방문인 바바라의 팔에는 그녀가 사랑하는 K-POP의 가사가 한글로 타투되어 있었다. 호주에 있는 친구에게 전하는 한 줄 "기쁠 때나 슬플 때나 언제나 우린 친구야"를 나에게 적어달라고 요청한 그녀의 우정과 친구에 대한 진심의 마음을 그때는 미처 알지 못했다.

두 달 뒤, 바바라에게서 메일이 왔다. 간단히 설명하자면, 2024년에 60번째 생일을 맞는 친구 '로빈'을 위한 특별한 이벤트로 나의 한글 족자 수업을 예약하고 싶다는 내용이었다. 그녀들 둘만이 참가하는 프라이빗 수업으로 오붓하게 하고 싶다는 말도 덧붙였다. 그렇게 바바라와 나는 로빈을 위한 특별한 이벤트를 위해 11통의 메일을 주고받으며 그날을 준비했다. 드디어 바바라가 준비한 이벤트 날이 되었고, 2024년 4월의 햇살이 창으로 쏟아지던 날, 6개월을 기획한 <로빈 환갑 프로젝트>가 나의 진행으로 실행되었다.

시드니에서 친구 사이인 로빈과 바바라. 바바라는 2023년 도장 체험 후 길고 훈훈한 후기를 남겨주었기에 그녀의 재방문이 더 반가웠고, 친구의 선물로 내 체험을 선택해 준 것에 각별한 마음이 들었다. 수업 시간 내내 친구인 로빈에게 맞춰달라고 요청한 바바라를 보며, 나도 이런 친구가 되고 싶다는 마음이 들었고 곧 그런 친구를 떠올리게 했다.

　대학에서 그림을 전공하고 오래전부터 동양 물감과 먹으로 그림을 그리며 전시를 꾸준히 해오고 있는 로빈을 바바라는 자신의 방식으로 조용히 응원하고, 작품 구매로 후원해온 아주 오래된 친구라고 했다. 시드니에서 미술가로 활동하는 이야기를 들려주며 동양의 먹을 사용해 그린 그녀의 작품을 내게 보여주기도 했다. 바바라가 왜 이 체험을 로빈을 위해 준비했는지 그제야 깨달았다. 발묵을 궁금해하는 로빈에게 먹의 다양한 발색과 표현하는 방법을 알려주었고, 족자에 먹색을 달리해 한 글을 적을 수 있게 도와주었다. 체험을 마친 로빈은 시드니에서 준비해온 수공예 장인이 만든 종이함과 자신이 그린 작품으로 만든 카드를 나에게 선물했다.

    바바라의 이벤트로 시작된 먹과 붓으로 쓰는 한글 수업에서 로빈은 정말 열정적인 태도를 보였다. 체험하는 동안 한 번도 앉지 않고 서서 작업했고, 모던한 글씨로 쓴 작품은 그녀만의 이야기가 되었고 그녀만의 유일한 작업이 되었다. 그런 로빈의 모습은 더 많은 것을 알려주고 싶게 만들었다. 시간과 상관없이 흘러가는 수업을 우리는 함께 경험했다. 자신보다 친구, 로빈을 위해 준비했던 이번 프로젝트에서 바바라는 "불가능한 꿈을 꾸다"라는 문구를 족자에 썼다. 바바라에게 불가능한 꿈은 무엇일까. 꼭 이뤄져야만 하는 꿈이 아니라, 불가능해도 꿀 수 있는 꿈을 꾸는 바바라는 여전히 멋진 친구로 기억될 것이다. 마치 내 친구인 양 그녀의 이름을 불러보고 싶다.

    남아프리카에서 친구들과 보내고 있을 바바라의

2024년 여름을 상상한다. 작업실을 떠나기 전 두 친구의 우정을 곁에서 지켜본 답례로, 나는 로빈에게는 "꽃길만 걸어요"를, 바바라에게는 "우리 다시 만나요"라는 문구를 적은 부채를 선물했다. 그녀들의 소망들이 부채 바람을 타고 훨훨 날아가기를 바라며.

    2022년 1월 어느 토요일에 작업실로 들어온 제시카는 예약자의 여동생이었다. 영국에 사는 그녀의 오빠가 여동생의 생일선물로 내 체험을 몇 달 전에 예약하며, 예약 내용을 메시지로 전해 주었다. 자기 일에 있어서 그 어느 하나 소홀함 없어 보이는 그녀와의 만남이 꽤 인상적이었다. 공공기관에 근무하는 직장인답게 단정했고 분명했다. 딸, 남편과 함께 서울에 거주하며 4년째 근무 중이라고 소개한 그녀는 일이 많아서 많은 곳을 돌아다니지 못했지만, 가본 도시 중에서 목포가 기억에 남으며 서울과 아주 다르다고 했다. 직장인 엄마로서의 공동 이슈인 자녀 육아에 관한 이야기를 나누었고, 런던에서는 자신의 월급을 다 줘야 유치원을 보낼 수 있다는 놀라운 사실을 알려주었다.

주말은 그녀의 딸과 함께 보내는 일정이라 딸이 가지 말라고 했지만, 오빠의 선물은 꼭 받고 싶은 마음으로 나왔다고 하는 제시카는 "작은 고추가 맵다"라는 속담을 좋아한다고 했다. 자신이 작으므로 이 문장이 자신의 좌우명이라며, 자신의 책상 옆에 붙여놓을 거라고 했다. 오빠의 선물이 그녀에게는 가족이 주는 사랑으로 느껴졌고, 오빠에게 쓰는 크리스마스 카드에 사인 대신 그녀가 새긴 도장이 찍힐 날을 기대하고 있다. 선물의 크기나 비용이 아니라 상대를 생각하는 마음의 깊이에 비례하는, 일상의 특별한 날을 선물해 주고 싶다.

2022년 8월 27일 토요일 오전 11시에 만난 알렉시스, 케이틀런, 마고, 그리고 애쉬비는 대학교 친구들로, 한국 여행은 처음이라고 했다. 마고는 미국 지하철에서 대화를 많이 하는데, 서울의 지하철이나 대중교통에서는 대부분 핸드폰에 집중해 거의 아무 말도 하지 않는 것이 색다른 풍경이라고 말했고, 알렉시스는 부산 여행에서 택시 기사님이 너무 빠른 속도로 운전하며 핸들을 급하게 꺾는 것이 무서웠다고 했다. 그들은 인사동에 나온 김에 체험을 마친 후 낙원 악기 상가에 들를 예정이라고 하며, 애쉬비가 카드에 "프로 플루이스트가 되기를"이라고 요청한 것을 보아 음악을 전공하는 학생들임을 알 수 있었다.

미국의 학기가 보통 8월 말부터 시작되는데, 9월 1일에 집으로 돌아가는 그들의 여행 일정 때문에 어쩔 수 없이 학교 수업을 빠지고 있는 상황을 설명했다. 케이틀런과 마고는 지도교수님인 '지노키오' 교수님의 사진을 하드보드지에 붙여 가방에 넣고 다니며, 체험 수업 시간을 대체수업처럼 교수님의 사진과 함께 사진을 찍어 교수님께 보내고 있다고 한다. 너무 유쾌하고 신선한 대체수업이 아닌가. 마고는 교수님을 위한 도장을 추가로 주문하여 새기기도 했다. 빠진 수업 대신 숙제가 많이 기다리고 있지만, 매우 유쾌한 교수님을 위해 준비한 도장 선물과 교수님의 사진을 함께 찍고 즐거워하는 그들의 모습에 나까지 명랑해지는 기분이 들었다. 처음 보는 교수님이지만 사진으로 인사를 드렸으니 나의 안부도 교수님께 전해달라고 하며, 최선을 다해 그들의 대체수업을 지도했다.

그들은 부채도 구입했다. 마고는 엄마를 위한 선물로 "엄마 사랑해요"라고 부채에 적어달라고 요청했고, 케이틀런은 "나를 사랑하는 엄마"라고, 알렉시스는 자신을 위한 부채에 "행복 그리고 성공"을, 애쉬비는 엄마를 위한 부채에 "모든 어머니가 닮고 싶어 하는 나의 엄마, 사랑해요"라고 적어달라고 했다.

몸과 마음이 모두 건강한 자식들이라니, 그들의

부모와 선생님을 대신해 뿌듯함을 느낀다. 자신들의 소망 카드에, 알렉시스는 "열정을 지녀라", 마고는 "나에게 최선을 다하자", 케이틀런은 "나만의 진정한 행복을 만들자"를 요청했다. 다음으로 교수님을 위해 "멋진 시간을 허락해 주셔서 감사합니다"라는 감사 카드를 놓치지 않고 챙겼다. 여행 중 개강한 대학교 담당 교수님의 특별한 배려로 진행되고 있는 여행이 선물 같다고 하며, 그들의 가방에서 꺼내는 교수님의 사진은 정말로 히트였다. 생전 처음 보는 광경에 웃음이 끊이지 않았던 시간을 나 역시 선물처럼 받았다.

살아가는 태도를 알게 해주는 그들의 소망 문구처럼, 20대의 열정과 최선을 놓치지 않기를 바란다. 그리고 엄마를 위한 선물로 사랑의 메시지를 담은 부채를 준비한 그들과의 유쾌하고 상쾌했던 시간이 다시 떠오른다. 애들아, 교수님은 잘 계시지?

8장

Hello, Again!

우주의 음모는 진행형

파울로 코엘료의 <연금술사>에 "네가 진심으로 원하는 것이 있다면, 온 우주가 당신의 소원을 이루기 위해 음모를 꾸민다."라는 말이 나온다. 진심을 꾹꾹 눌러 담은 소원은 단순한 바람 이상의 것이기에, 그것을 이루고자 하는 강한 열망이 소원을 중심으로 힘을 모은다. 그 힘이 운동성을 가지고 활동하며 예상치 못한 방식으로 기회의 길을 열어주는 상황이 전개될 수도 있다. 물론 운동성을 가진 힘을 만들어 내기 위한 자신의 행동과 노력의 기초 체력이 충족되었다는 전제하에서 말이다. 다시 말해 단순히 소원을 빈다고 해서 모든 것이 이루어진다는 뜻이 아니라, 강한 의지와 행동, 그리고 기회를 포착하는 능력이 함께 작용할 때 내 옆에 자리한 소원과 대면하는 음모를 경험한다. 이 우주의 음모를 만나서 다시 "헬로, 코리아"를 보내며 올리비에가 연락을 해왔다.

2022년, 태풍으로 모든 것을 날려버릴 듯한 바람을 맞으며 그해 가을에 그는 작업실을 방문했다. 벨기에에서 자라 현재 게임 디자이너로 아일랜드에 거주하는 올리비에는 한글 도장을 새기고 한글 족자 체험을 같은 날 참여하며 5시간을 내 작업실에서 보냈다. 상파울루에서 온 자델과 부다페스트에서 온 디달리와 함께 도장을 새겼던 오전에는 새김에 조용히 집중하느라 그의 목소리를 거의 들을 수 없었지만, 오후에 혼자 진행한 한글 족자 체험에서 숨겨두었던 매력을 묵향처럼 퍼뜨렸다. 어린아이가 말문이 트여 쉼 없이 질문을 하듯, 올리비에의 불어식 영어는 내게 조금 어려운 영어였으나 모든 감각의 축을 세워 이해하려고 노력했다.

한 달 예정으로 찾은 서울에서 새로운 경험을 하며 앞으로 자신의 진로에 대한 방향을 고민하는 그는 "예술가로서 기량을 키우고 나의 예술로 소통하는 삶을 살고 싶다"를 그의 소망 카드에 적어달라고 했다. 그리고 붓을 잡으면서 그의 이야기는 점점 깊어졌고, 먹물보다 더 진하게 자신의 걱정스러운 마음을 담아 "그대, 걱정하지 말아요"라는 문구를 흔들림 없이 족자에 담았다. 작업이 끝난 후 그는 자신의 방에 걸린 족자의 사진을 내게 보내주겠다는 약속을 지켰다.

에세이 분량의 미더운 두 개의 후기를 살뜰하게 남기고 서울을 떠났던 올리비에가 정확히 2년 뒤, 2024년 8월이 마무리되는 날 다시 메시지를 보내온 것이다. "안녕하세요 헬렌! 저는 서울에 돌아왔고, 인감도장에 대해 문의하고 싶습니다! 구청에 등록할 개인 인감을 만들어 줄 수 있을지 궁금합니다."라고 묻는 그의 질문이 전혀 낯설지 않았고, 계속 메시지를 주고받았던 사이처럼 시간의 공백이 느껴지지 않았다. 서로의 안부를 물으면서 그는 지난 2년 동안의 소식을 소상히 전해 주었다.

2년 전 도장을 새긴 후 내가 적어준 '더 나은 예술가가 되고 싶은 그의 소원'이 이뤄졌다고 기쁜 소식을 전했다. 지난 몇 년간 작업한 프로젝트가 2023년에 공개되어 엄청난 성공을 거두었고, 그 이후로 자신의 예술에 대한 인정을 받게 되면서 거리에서 사람들이 그를 알아볼 때는 정말 행복했다고 전하는 그의 텍스트에서 흥분된 표정과 목소리가 느껴지는 듯했다.

이제 아일랜드를 떠나 2월부터 서울에 머무르고

있으며, 회사를 차릴 준비를 하고 있다는 근황을 전하며 나의 안부를 물었다. 몇 달 전 인사동을 지나면서 인사동의 분위기는 여전했고, 내 작업실 계단을 올라가는 외국인들의 방문도 여전한 것을 보았다고 하며, 여전히 친절하게 사람들을 대하고 있을 나에게 인감도장 제작을 의뢰하고 싶다는 내용이었다. 내가 적어준 소원의 카드를 그는 정확하게 기억하고 있었고, 그 감격을 나와도 나누고 싶어 했다. 그의 소원을 이뤄준 우주의 음모는 만나서 더 자세히 들어야겠다.

올리비에와 마찬가지로, 앞으로 무슨 일이 일어날지 우주의 다음 음모가 기대되기는 나도 마찬가지이다. 우주의 음모는 사랑하는 사람을 만나는 일에도 관여한다. 중국 당나라 시대의 전설에 월하노인이라는 신선이 있어 인간 세상의 혼인을 관장한다고 한다. 그 노인은 운명적으로 맺어줄 두 사람의 발목을 보이지 않는 붉은 실로 연결하는데, 이 붉은 실은 어떤 상황에서도 끊어지지 않으며, 얽히거나 느슨해질 수는 있어도 절대 풀리지 않는다고 한다. 나이의 간격이나 지리적 거리도 문제가 되지 않으며, 이 실로 맺어진 두 사람은 언젠가는 반드시 만나 결혼하게 되는 시공간을 초월한 불가항력적인 인연에는 분명 놀라운 음모가 숨어 있다.

    보이지 않는 붉은 실로 연결된 한 커플이 2024년 봄날 저녁, 달달한 모습을 하고 찾아왔다. "Welcome."이라고 인사를 건네는 내게 "안녕하세요"라고 대답하며 들어서는 앤드류는 10월에 있을 결혼을 위해 캐나다에서 온 예비 신랑이다. 나와 영어 이름이 같은 헬렌과 결혼식 청첩장에 담을 한글과 한자를 직접 디자인하고 싶어서 신청했다고 한다. 3년 정도 한국어를 배운 사람이라고는 믿기지 않을 정도로 앤드류의 한국어 실력은 뛰어났고, 한자가 많은 단어 선택도 어려움 없이 사용했다. 기본적으로 다른 도시를 여행하면 그 나라 인사말 정도는 배워 오는 분들이 많기에 인사만 한국어로 하는 줄 알고 다시 영어로 자리를 안내했는데, 그의 입에서 막힘없이 한국어가 술술 나오자 나는 영어를 더는 하지 않았다.

한국어를 제대로 표현하려면 한자를 배워야 한다고 알려주기까지 한 앤드류는 결혼의 한자 "結婚"을 연습했고, 헬렌은 "백년해로"를 집중적으로 연습했다. 붓을 잡고 글씨를 쓰는 매 순간 서로를 살피고 상대방의 글씨에 감탄하는 사랑스러운 모습이 봄날의 꽃이 퍼뜨리는 향기보다 아름다웠다.

캘리그래피에 관심이 많아 배울 수 있는 곳을 소개해 달라고 한 예비 신랑에게는 사는 동네에 서예를 배울 수 있는 학원을 찾아보라고 알려주었다. 그들의 웨딩사진을 찍을 때 소품으로 활용할 두 족자에 긋는 한 획마다 사랑과 믿음을 정성껏 눌러 담았다. 그들도 알고 있을까, 그들의 발목이 보이지 않는 붉은 실로 묶여있음을. 한국의 전통문화를 소개하는 스토리텔러인 헬렌이 만나는 다양한 국적의 사람들, 그리고 그들이 풀어내는 그들의 스토리가 필소굿캘리의 벽과 천장, 화선지, 그리고 먹에 쌓이고 있다. 이것이 내겐 우주의 음모인 듯하다.

누구에게나 반전의 음모는 준비되어 있다. 인지하

지 못할 뿐. 언제부터 태동하였는지는 중요하지 않다. 중요한 건 현재 진행형이라는 것.

　　외국인 대상 문화 체험 호스트로서의 경력이 쌓여 가던 2018년 11월, 에어비앤비코리아에서 진행하는 우먼넷 네트워크 특강 진행자로 서게 되었다. 은행을 떠난 지도 오래전이고, 외국계 회사 방문이 처음인 내게는 조직의 공간에 들어서는 순간 그 공기의 순환이 다르다는 것을 호흡이 먼저 눈치챘다. 겨울을 향해 가는 시기여서 사무실 공간은 할로윈 파티 장식이 남아 있어 매우 친근했다. 미국 드라마에서 본 듯한 사무실 분위기가 내게는 굉장히 신선했다.

　　강의를 요청해주신 이사님의 안내로 사무실을 둘러보며 특강에 참여할 직원들을 소개받았다. 직원들의 책상이 지정되어 있지 않고 앉고 싶은 자리에 앉아서 일한다고 하는 것도 생경했고, 직원들이 자신의 재능을 공유하며 직장 내 활성화된 커뮤니티 모임도 내겐 새로웠다.

경력 단절의 벽이 허물어지면서 캘리그래피는 나에게 건너갈 다리가 되어 주었고, 그 다리는 다시 새로운 길을 열어주는 이정표가 되었다. 나는 그저 앞으로 나아갔다. 시간의 흐름을 한글의 흘림에 담아 흘러가는 마음을 붙잡고 싶어 시작한 캘리그래피는 해외에서 온 여행객들과 잊지 못할 추억을 공유하는 경험으로 이어졌다. 다양한 나라에서 찾아온 매력적인 사람들이 전하는 밝고 건강한 감성은 상상 이상의 즐거움을 내게 선사했고, 이 경험은 내 일상을 직장 내 여성들과 함께 공유하는 프로그램의 발표자로 설 수 있게 해주었다.

<캘리 쓰기의 힘>을 쓰고 나니 그 힘이 천천히 발휘되고 있는 듯하다. 머지않아 누군가를 위해 단절을 선택하게 될지 모르는 불안한 마음을 서로 공감하고, 캘리그래피로 자신에게 응원의 한 마디를 전하는 시간을 그들과 함께 가졌다. 강의를 마치고 함께 식사하며 나눈 이야기가 더 진솔하게 다가왔고, 자신의 경력 유지에 대한 고민과 자녀 양육에 대한 걱정을 나의 경험치로 대신

하며 강의가 마무리되었다. 강의를 요청하신 이사님의 말대로 나의 이야기가 그녀들에게 동기부여와 용기 부여가 되길 진심으로 바란다.

그리고 그 글로벌 기업에서 도장 제작 주문이 들어왔다. 손작업이 주는 재미 중 하나는 획일화된 상품이 아니라 고객 한 사람을 위한 맞춤 제작이 가능하다는 점이다. 그러니 그 상품을 받을 사람을 상상하는 습관은 내가 작업을 즐기는 방식 중 하나다. 특히 이름이 들어가는 새김 도장일 경우 더욱 그러하다. 새김 속 이름의 주인공을 상상하며 작업하지만, 실제로 그 주인공을 만날 일은 거의 없다. 아직 한 번도 본 일이 없었다. 미국 본사에서 온 9명의 에어비앤비 임원들에게 드리는 기념품으로 촉박하게 주문한 도장 새김을 할 때도, 이름의 주인들을 상상했다. 알렉스는 어떤 남자일까? 파린은 어떤 모습일까?

도장 새김을 마치고 나자 현지의 로컬 호스트와 에

어비앤비 본사 직원들과의 밋업에 초대되었고, 나의 상상은 흥미진진한 현실이 되어 내가 새긴 도장의 주인들을 모두 만나보았다. 나의 상상에 반전을 주는 이름과 실제 주인공들의 소개를 들으면서 어색함에 굳었던 근육들이 서서히 풀어졌고, 그 모임 속으로 느긋하게 스며들었다. 알렉스가 어여쁜 여자였다는 사실에 혼자 웃었고, 파린이 맘씨 좋은 인도계 남성임에 미소가 지어졌다.

이전에는 미처 몰랐던 사자춤의 흥겨움에 무대로 내려가 몸을 흔들며 함께 어울림의 리듬을 타면서, 새로운 사람과의 어울림의 온도를 올리는 법을 배웠다. 예전의 나는 참 많이 주저하던 사람이었는데, 이제는 오늘에 집중하면서 망설임에 내어주는 시간 따윈 허락하지 않기로 한다. 주어진 조건이 내가 원하는 방향이라면 "예스"가 더 자연스러운 대답이 된다. 그게 우주의 음모를 내게로 끌어들이는 방법의 하나라고 믿기 때문이다.

약간의 어색함을 이겨내지 못했다면 새로운 만남으로 이어지지 못했을 것이고, 새로운 만남을 지속하지 않았다면 독특한 이력의 '헬렌'을 만날 수 없었을 것이다. 불완전한 여정을 가는 어제의 나는 오늘의 나에게 조금씩 그리고 꾸준하게 나아가라 한다. 그것이 우주의 음모를 나에게 실행시키기 위한 단 하나의 조건이라면서.

다시 만나고 싶어요

영화 <비포 선라이즈>는 미국인 청년 제시와 프랑스인 여성 셀린이 유럽 기차 여행 중 우연히 만나 빈에서 하룻밤을 함께 보내며 친밀한 친구가 되는 이야기를 그린다. 이 영화를 보며 내 여행에서도 이런 특별한 만남을 상상해 본 적이 있다. 세계 각국에서 서울을 찾아오는 수많은 여행자를 내 작업실에서 만나게 되면서, 그 상상은 현실이 되었다. 그중에서도 다시 만나고 싶은 사람들이 적지 않은데, 2023년 2월에 만난 브랜디가 그중 한 명이다.

텍사스에서 온 브랜디는 아주 특별한 여행을 하고 있었다. 처음 인사를 나눌 때부터 남다른 긍정의 에너지가 느껴졌었는데 그 느낌은 정확했다. 43세의 브랜디는 2022년 5월, 남편과 함께 조기 은퇴를 결심하고 집과 차, 그리고 모든 살림살이를 팔고 세계 여행에 나섰다고 했다.

요즘 젊은 세대가 꿈꾸는 파이어족이 되어, 텍사스 집을 출발해 남미의 아르헨티나, 콜롬비아를 거쳐 남극까지 다녀온 그녀의 여정은 감동적이었다. 25살과 22살의 자녀를 둔 그녀는 할머니가 되기 전, 자유로운 삶을 마음껏 누리며 세계 곳곳을 빈틈없이 누비고 있었다.

브랜디는 은퇴 후 소유하지 않으므로 소유하게 되는 것들에 대한 그녀의 생각을 내게 들려주었고 부모와 자녀를 이어줄 그녀만의 계획에서 나는 많은 영감을 얻었다. 그녀는 이 여정을 통해 가족의 슬픔을 극복할 수 있었던 이야기와 가족의 소중한 가치를 되새기는 책을 집필 중이라고도 했다.

원래 무슬림이었던 그녀의 남편은 브랜디를 만나 개종했고, 베들레헴과 예루살렘에서 물세례를 받았다고 한다. 성지순례에 대한 로망이 있는 나에게 그녀는 꼭 그곳을 방문해보라고 권했다. 이스라엘 성전의 아름다운 건축양식과 이슬람교의 환상적인 모자이크 건축양식을 놓치지 말라는 조언도 잊지 않았다.

브랜디와의 만남은 여행지에서 생각이 비슷한 친구를 만나고 싶었던 나의 오랜 상상을 현실로 만들어 주었다. 자녀들의 나이, 종교, 그리고 직장을 그만둔 배경까지 우리는 많은 공통점을 발견했고, 우리의 대화는 예정된 체험 시간을 1시간이나 초과하여 이어졌다.

그녀와의 시간은 마음이 시리던 나에게 따뜻한 손난로 같았다. 그리고 더 많은 이야기를 나누지 못한 아쉬움은 나만의 것은 아니었음을 그녀가 내게 남긴 한 줄의 메모에서 느낄 수 있었다.

"Dear Helen. Many blessings to you and your family. From. Arman Family Houston. TX U.S.A"

이 짧은 문장에 담긴 따뜻함이 오랫동안 내 마음에 남았다. 브랜디와 그녀의 남편이 지금 어디로 향하고 있을지 문득 궁금해진다. 그녀가 말했던 '무소유'가 가져다주는 '소유'의 매직에 대해 더 자세히 듣고 싶은 마음이 간절하다. 그 신비로운 역설을 이해하기 위해서라도, 나는 그녀를 꼭 다시 만나고 싶다.

2019년 5월에 만난 모이라 역시 내게는 다시 만나고 싶은 사람 중 한 명이다. 필리핀에서 디자인을 전공하던 그녀는 그해 서울대학교에서 한 학기 동안 한국어를 배우기 위해 교환학생으로 와 있었다.

디자인 전공자다운 재능이 돋보였던 모이라의 한글 이름 디자인은 최우수상을 줘도 손색없을 만큼 뛰어

낳고, 새김 실력 또한 수준급이었다. 심한 일교차로 감기에 걸렸다며 연신 따뜻한 차를 마시는 그녀를 보니 어느새 엄마의 마음에 불이 켜졌다.

남동생과 여동생을 위한 선물을 고르며 어사화 자석과 젓가락 각인 상품에 관심을 보이던 모이라는 한글을 완벽하게 구사하게 되면 한국에서 취업하고 싶다는 포부도 밝혔다. 그녀도 내 마음을 느꼈을까? "체험을 하는 동안 헬렌은 엄마처럼 자신을 살펴주신 것에 감사해요."라고 남긴 그녀의 후기는 나를 편안한 감동 속에 오랫동안 머물게 했다.

엄마와 딸 같은 나이 차이도 여행지에서 마음을 나누는 친구가 되는 데 장애가 되지 않는다는 것을 모이라와의 만남을 통해 깨달았다. 5년이 지난 지금, 나는 그녀의 근황이 참 많이 궁금하다. 이제는 직장인이 되었을, 어쩌면 한국에서 직장인으로 생활하고 있을 수 있는 모이라에게 친구의 안부를 전하고 싶어진다.

내 작업실은 공통의 관심사, 상호 존중, 그리고 열린 마음만 있다면 누구와도 친구가 될 수 있는 특별한 공간이었다. 모이라를 비롯한 많은 여행자들이 이곳에서의 경험을 오래도록 기억해 주기를 바란다. 그들과의 만남은 단순한 체험을 넘어, 서로의 삶에 작지만 의미 있는 영감을 나눴기 때문이다.

2021년 12월, 첫눈을 기다리는 몹시 추운 겨울 토요일 아침, 전남 해남에서 영어 교사로 일하는 람라가 방문했다. 그녀는 온라인으로 대학 공부를 지속하며 주경야독으로 학점을 이수한 자신에게 주는 선물로 서울행 항공권과 나의 도장 체험을 구입했다고 들려주었다. '솔로 여행의 솔로 데이트'라는 이름으로 예약하게 된 동기를 설명하는 그녀의 표정이 시린 겨울 온도를 상승시키는 마술을 부렸다.

미국에서 해남으로 온 그녀는 2년 동안 영어 교사로 일했고, 2022년 2월에 다시 고향으로 돌아가 1년 남은 학기를 마치고 졸업한 후 다시 한국에 올 계획이라고 들려주었다. 부끄러움도 많고 낯가림이 심해 혼자서 많은 곳을 돌아다니지 않는 성향이며 이런 체험도 처음이라는 그녀에게서 나의 모습이 보였다. 2년 동안 한국에 있으면서 불고기는 지난 화요일 서울에 와서 처음 먹어보았다며, 그 맛이 너무 좋았고 쇠고기 국의 끝내주는 국물 맛에 반했다고 했다.

2년 전 처음 한국에 왔을 때 도장집에서 구입한 그녀의 첫 도장에는 "람라의인" 4음절이 세로 방향으로 새겨져 있었다. 그녀의 엄마는 수채화를 그리는 작가이고 외할머니도 은퇴한 화가라고 하니, 예술적 재능이 람라에게 수직 하강한 것으로 보였다. 그녀는 직장을 그만둔 내 이야기를 듣고 왜 캘리그래피를 배우게 되었냐고 물었다. 나는 먼 이야기를 마치 어제의 일처럼 들려주었다. 람라는 사전에 내 배경 이야기를 읽고 더 많은 영감을 얻기 위해 수업을 신청했다고 덧붙였다.

무엇 하나 허투루 하면 안 되고, 어느 하나 건성으로 살아가면 안 되는 이유가 바로 이것이다. 대충 살아도 되는 인생은 어디에도 없다고 나는 생각한다. 7년 동안 내가 만난 사람들은 그 누구도 대충이 아니라 보충의 노력으로 부족한 것을 보태고 채우며 살아가는 모습을 보여주었다. 그 보충의 기술 중 하나가 여행이고 다른 문화를 배우고 경험하는 것일 것이다.

나에게 캘리그래피는 인생 절반 사이사이에 비어 있는 것을 채우는 보충재 중 하나였고, 그것을 알아채 준 람라의 공감 능력은 두 번째 책에 대한 강력한 응원이 되었다. 다시 한국을 방문하면 꼭 들러 달라는 약속은 아직 이행되지 않았지만, 머지않은 장래에 그녀의 약속이 이행되리라 믿어본다.

2023년 12월에 만난 야거다는 내게 매력적인 여행자로 기억된다. 폴란드에서 내 작업실을 찾아온 두 번째 손님인 그녀는 11살, 8살의 남매를 남편에게 맡기고 혼자 휴가 여행으로 서울을 방문하게 된 그녀의 이야기를 듣는 순간, 야거다와는 할 이야기가 많겠다는 것을 직감했다. 아이스크림이나 초콜릿의 달콤함으로도 이길 수 없는, 솔로 여행만의 깊고도 진한 맛을 여행중 잠시 함께 한 내게 공유해 주었다.

나와 도장 체험을 하는 날이 여행 이틀째라고 한 그녀와 나는 '엄마'라는 공통분모만으로도 우리를 둘러싼 다양한 토론의 이슈가 많았고, '여성'이라는 주제로 은밀한 어려움을 털어놓았다.

그녀는 대학을 마치기 전 엄마가 되어 20대 초반의 활기찬 문화를 친구들처럼 즐기지 못했지만, 지금은 아이들이 어느 정도 자라 남편의 도움으로 자신만의 시간을 누리는 것에 행복해 보였다. 우리의 대화는 바르샤바와 서울의 경계를 넘어, 여행지에서 만난 마음이 통하는 친구 사이로 발전했다.

이야기를 나누면서 나를 더 크게 만들어 주는 손님이 있고 작아지게 만드는 손님이 있는데, 야거다는 나를 크게 세워주는 손님이었다. 오늘의 내 자리를 잘 지켜낼 수 있도록 말이다. 그녀의 소망 카드에 "믿음대로 이루어진다"라는 그녀의 좌우명을 적어주었고, 바르샤바에 오게 되면 꼭 연락을 달라는 그녀의 인사에 포옹으로 대답했다. 낙천적이며 상대방을 배려하는 그녀의 태도는 내가 본받고 싶은 모습이었다.

2022년 12월, 코로나로 인한 직장에서의 업무적 스트레스와 남자친구와의 이별로 힘든 시기를 겪다 용기를 내어 다시 한국을 찾아온 크리스티나를 만났다. 그녀의 아픔을 들어주고 내가 비슷한 시기를 극복한 이야기를 들려주자, 그녀가 먼저 안아주자고 했다. 그렇게 우리는 서로의 힘든 시간을 위로받았고, 그녀가 새긴 양각의 멋진 도장으로 "너에게서 떠나 나오는 것이 내가 할 수 있는 최고의 선택이었다"를 적은 카드에 씩씩하게 찍으며 그 아픔의 시간과 헤어질 수 있는 기운을 전달받는 듯했다.

점심을 먹고 다시 만난 그녀의 한글 족자에는 "이 또한 지나가리라"를 담았다. 감성이 나와 비슷해서일까, 자꾸 마음이 갔던 그녀의 근황이 궁금하다. 도장과 족자 수업을 마치고 이어진 우리의 대화는 결코 가볍지 않았다. 그녀는 눈물이 날 것 같다며 이제 가야겠다고 하며 다시 한번 나를 안아주고 떠났다. 그녀의 앞날에 예전의 남자친구보다 더 듬직하고 다정한 남자를 만나 행복한 오늘을 사는 모습을 상상하며, 그녀의 웃음을 다시 보고 싶다.

2021년 6월에 만난 시리엘르는 프랑스에서 온 현직 은행원이다. 당시 삼십대 중반이었던 그녀는 2월부터 한국에서 파견근무를 하고 있었고, 7월 말에 임무를 마치고 귀국할 예정이라고 했다. 우리의 대화는 노트르담 성당 이야기로 시작해 국민성에 대한 관찰을 거쳐 은행의 정년에 대한 의견으로 마무리되었다. 중국이나 타이완, 홍콩 대신 한국 근무를 택한 그녀는 소망카드에 "C'est la vie"를 적어달라고 했다. '인생'이라는 두 글자에는 수많은 고민의 샘이 마르지 않는 깊은 우물이 있는 건 아닐까.

    그녀의 인생 박스에 무엇이 담겨 있는지, 무엇을 담고 싶은지 물어보고 싶었지만, 입 밖으로 꺼내지 못했다. 그녀의 이름 뜻이 왕, 군주라는 그리스어 Kyrillos에서 유래했다고 설명하며 그녀의 부모님 도장 새김을 주문했다. 처음에는 지나친 부끄러움 때문에 나와의 도장 수업을 걱정하며 인사동으로 왔는데, 결국 나누었던 이야기들이 정말 좋았다며 나를 당당하게 세우는 메시지를 남겨주었다.

    공동의 경험이 추억이 되는 데 있어, 함께 시간을 보내고 새로운 경험을 쌓는 것보다 더 확실한 방법은 없을 듯하다. 한 번의 만남으로 다음 만남을 기다리게 되는 친구 같은 손님들, 짧은 대화에서도 서로의 기운을 무한대로 올려주는 그대들을 꼭 다시 만나볼 수 있기를 바라며 내 기억에 각인시킨다.

여행 가방을 메고 서울을 찾은 여행자들과의 만남과 대화를 통해 자신을 더 깊이 이해하고, 세상에 대한 통찰력을 배우고 있음이 분명하다. 그들과 나눈 공감의 시간이 나를 천천히 변화시키며 꾸준한 성찰의 메시지를 기록하게 했다. 그들도 서울에서 만난 나를 다시 만나고 싶어 했으면 좋겠다.

고마운 손님

    2024년 9월 3일, 수업 예약이 일찍 마감되어 예약 확인을 받지 못한 손님들에게 예약취소 메일을 보내야 했다. 그러나 예약취소 메일을 확인하지 못한 프랑스에서 온 모녀, 마리느와 히므리느가 오후 4시 50분에 작업실로 들어섰다. 상황을 설명하자 그제야 취소 메일을 확인했다. 오후 5시 수업에 함께할 수 없음을 미안하게 전했지만, 그들은 꼭 하고 싶다고 간곡히 부탁했다. 서울에서 일하는 아들을 방문한 엄마와 여동생은 다음 날 귀국해야 해서 오늘밖에 시간이 없다는 간절함에, 결국 그녀들을 위한 한글 족자 수업을 오후 7시 40분에 진행하기로 했다.

    그런데 이들과의 마지막 수업이 그날의 피로를 기억하지 못하게끔, 나의 노곤함을 말끔히 씻어냈다. 서로 서툰 영어로 나누는 대화는 즐거웠고, 특히 엄마 마리느는 한국에 오기 전 공부한 한글 노트를 보여주기까지 했다. 히므리느는 고등학교를 갓 졸업하고 대학에 진학하게 되어 축하 여행으로 서울에 왔다며 행복해했다. 그녀는 대학 졸업 후 승무원이 되어 서울에서 살고 싶다는 소망을 들려주며, "인내심이 삶의 열쇠다"를 족자에 적었다. 엄마 마리느는 사고로 왼쪽 팔에 박은 철심 때문에 가족들이 종종 장난스럽게 놀리지만, 자신은 이보다 더 완벽할 수 없다고 생각한다며 "나는 정말 완벽해"라는 문장을 선택했다.

그녀만의 이야기가 담긴 이 문장에 나는 반해 버렸다, 그것도 깊게. "내가 만족하면 그게 곧 완벽한 것 아니야, 그치?"라며 나의 동의를 받아냈다. 그들은 밤 9시 10분에 완성한 한글 족자를 보며 "We did it"을 외치고 하이 파이브를 나누었으며, 포옹하는 모습을 사진으로 남겼다. 그 순간이 내가 본 가장 아름다운 장면으로 기억된다. 우리는 서로를 껴안으며 작별 인사를 나누었고, 흐르는 눈물을 보며 4년 후 대학 졸업 때 다시 서울을 방문하겠다는 약속과 함께 인스타그램 친구가 되었다. 그들은 밤늦게 함께 찍은 사진을 보내주며 내 책에 넣어도 좋다고 했다.

그들은 수업을 제공해 줘서 고맙다고 했지만, 나는 오히려 그녀들의 유쾌한 웃음이 하루 동안 쌓인 피로를 날려버려 고마웠다. 우리가 쌓은 내적 친밀감은 시간과 무관했으며, 감사와 안부 인사는 SNS를 통해 계속 이어지고 있다.

블로그에 나의 흔적을 기록한 지 11년, 인스타그램으로 나만의 기록물을 보관한 지 10년이 되었다. 처음에는 방향성 없이 기록에만 집중했지만, 시간이 흐르면서 무엇을 남기고 싶은지 점차 분명해졌다. 처음에는 드러내고 싶은 욕심 때문에 포스팅이 어려웠지만, 지금은 오늘의 일과 생각들을 내일의 기억으로 남기고 싶은 간결한 마음이 들자 한결 편안해졌다. 나의 SNS 계정은 내일에 관심 있는 사람들과의 연결통로가 되기도 한다.

작년 11월, 미국 유튜브 채널 Watcher Entertainment에서 한국 문화/음식 투어 콘텐츠를 촬영을 위해 연락이 왔다. 2주 후 앤드류와 스티븐이 촬영 스태프들과 함께 내 작업실을 방문했고, 평소처럼 수업을 진행하며 촬영을 마쳤다. 영상은 올해 4월경 업로드될 예정이라는 말을 듣고 잊고 있었다.

지루하고 길었던 올해의 여름이 여전히 머물고 있던 2024년 9월 20일, 프랑스에서 온 앨리스와 독일에서 온 로버트, 프린지를 만났다. 도장에 관한 이야기와 문화 이야기를 소개하면서 평소와 다름없이 그들의 서울 여행에 좋은 추억으로 남아 주길 바라는 마음으로 체험은 순조롭게 진행되었다. 로버트와 프린지는 차분하게 생애 첫 도장을 완성도 높게 새겼다. 자리가 떨어져 있어 불편하지 않을까 걱정했지만, 오히려 여행하는 동안 너무 붙어 있었다며 조금 떨어져 앉는 것이 필요하다고 대답하자 로버트가 놀란 표정을 하고 상처받았다는 진심을 담은 농담이 우리 모두를 웃게 했다. 그들의 두 개의 도장을 합친 후 측면에 한글로 "사랑"을 겹쳐 디자인하고 반쪽씩 새겼다, 서로를 잃어버리면 금방 찾을 수 있는 증표처럼.

독특한 측면을 새긴 이 커플은 놀랍게도 Watcher Entertainment의 유튜브 영상을 보고 내 수업을 예약한 첫 번째 손님이었다. 잊고 있었던 영상이 한 달 전에 올라온 것을 찾아서 내게 보여주었다. 서울 여행을 준비하면서 시청하게 된 유튜브에서 내 체험을 저장해 놓고 그것을 따라 내 작업실을 방문하게 된 예약 배경을 들려주었다. 아직 보지 못한 그 영상을 내게 공유해 주면서 구독자 283만 명의 꽤 유명한 채널이라는 것도 알려주었다. 세상은 정말 넓고 하나의 좁은 선으로 연결된 신기한 경험이었다. 나는 촬영을 하고 잊고 있었는데 누군가는 그것을 보고 나를 찾아왔다는 반가운 소식은 긴 더위로 지친 몸에 순간 바빠지는 혈액 이동이 느껴졌다.

바로 다음 날 만난 캐나다의 공무원 다니엘도 같은 영상을 보고 방문했다. 그는 앤드류와 스티븐이 미국에서 꽤 유명하다고 알려줬다. 9개월 전 받았던 메시지가 이러한 파동을 전하는 새로운 통로가 되리라고는 전혀 예상하지 못했다. 도장을 새겨주는 인사동에 많은 도장집에서 편하게 구입할 수 있었지만 교각을 디자인하는 일을 하는 그는 직접 만드는 일에 더 관심이 많으며 여행지에서의 체험만큼 여행을 기억하는 좋은 방법은 없다는 그의 소신을 들려준다. 우리는 여행 이야기, 직업 이야기 그리고 가끔 영어로 표현하는 것에 답답했던 궁금증까지 주저하지 말고 물어보라고 친절하게 말했다. "아무리 작은 일에도 친절은 결코 낭비가 되지 않습니다"를 적어달라고 하며 자신의 도장 측면에 내 이름을 새겨달라고 요청했다.

나는 내가 하는 일을 일이라 여기고 싶지 않다. 나에게 '일'로 정의되는 것은 짐을 등에 지고 힘겹게 걸어가는 무거움이다. 하지만 요즘을 보내는 일상은 처음 만나는 나의 오늘을 처음 사람들과 함께 채워가는 경험이라고 정의하고 싶다. 그제는 체코의 프라하를 경험했고 어제는 노르웨이의 오슬로를 다녀왔으며 오늘은 카자흐스탄의 아스타나를 구경 중이고 내일의 여행지가 참 궁금하다. 그러니 일이라고 하기에는 기대되니 기다려지는 매일 이다.

그 기대 속 만난 산드라와 탄야는 내 이야기의 마지막 손님으로 등장한다. 2024년 9월, 뮌헨에서 온 자매 산드라와 탄야를 만났다. 탄야의 생일을 맞아 산드라가 준비한 깜짝 선물로 내 수업을 찾았다. 체험을 마친 후 그들은 내 작업실을 장식한 이전 체험자들의 카드를 구경하더니, 자신들도 카드를 남기고 싶다고 했다. 그들의 행복한 표정을 담은 사진을 책에 넣어도 좋다는 허락과 함께 산드라는 후기를, 탄야는 다정한 자매의 모습을 그림으로 남겨주고 떠났다.

고마운 손님을 만난 행복한 주인은 내 작은 선물을 그녀들의 손에 꼭 쥐여주며 생일을 축하하는 마음과 감사한 마음을 표현했다.

영어로 긴 문장을 만들기 어려울 때 단문으로 표현하듯, 우리의 삶도 단순하게 살면 더 편하지 않을까? 그리우면 전화하고, 보고 싶으면 만나고, 이해받고 싶으면 설명하고, 궁금하면 물어보고, 고마우면 감사 인사하고, 사랑하면 표현하는 식으로. 이렇게 간결하게 생각하고 자신을 돌아보는 법을 내 세상에서 만난 손님들이 가르쳐준다.

모든 것이 하나로 연결되어가는 듯하다. 은행을 그만두지 않았다면, 캘리그래피를 시작하지 않았다면, 외국인들을 위한 한국 문화 스토리텔러가 되지 않았다면…. 이렇게 이어지는 질문들에 대한 답은 그리 중요하지 않다. 경력 단절을 포기하지 않고, 배움에 시간과 노력을 아끼지 않았으며, 아무도 가지 않은 흰 눈 덮인 길에 첫 발자국을 내는 용기를 냈기에 바로 지금 여기에 있는 나로 충분하다.

내가 만난 수많은 고마운 여행자들을 통해 '여행'과 '만남'의 두 개의 단어가 '용기'와 '친절'로 번역되어 내게 들리고 있다.

"용기 있게 떠나고 만남에 친절 하라"고.

Epilogue

2023년 3월, 29살 큰아들부터 19살 막내까지 네 자녀를 둔 하데키, 브릿지 부부가 도장 체험을 마치고 작업실을 떠날 때, 그들은 내게 새로운 문화를 보여주었다. 한국인 친구에게 추천하고 싶다며 내 책 제목을 사진에 담았고, 처음 겪어보는 '팁 문화'를 소개했다. 처음엔 당황스러워 거절했지만, 그들은 수업에 대한 만족과 감사의 표현임을 예의 바르게 설명해 주었다. 그날의 팁은 지금도 내 지갑 속에 소중히 보관되어 있다.

2024년 6월, 인도에서 온 크리티카의 방문도 특별했다. 출국 직전 급하게 예약한 그녀는 큰아들과 함께 도장 체험에 참여했다. 잠시 후 작은아들을 데리고 돌아온 그녀는 얼마 뒤 남편과 막내아들까지 데려와 작업실을 가득 채웠다. 11살 아들은 도장 측면에 한국 태극기를, 크리티카는 둘째 아들 '난다'의 이름과 그가 좋아하는 공룡을 정성스레 새겼다. 하지만 그녀는 완성된 도장을 놓고 떠나고 말았다.

하루가 지나서야 이를 알아차린 나는 크리티카에게 연락했고, 인도에 도착한 그녀로부터 답장을 받았다. 우리의 예의 바른 메시지 교환은 도장이 인도행 비행기에 실리면서 끝날 줄 알았지만, 예상치 못한 반송 사태로 인해 그녀가 직접 우편물 보관소를 찾아가는 해프닝까지 겪었다. 결국 그녀가 도장을 무사히 받았다는 소식에 안도의 한숨을 쉴 수 있었다. 그녀의 기억 속 서울이 따뜻한 사람들로 가득하기를 바랐다.

2020년 10월의 엘리자베스는 내 고민을 해결해주는 특별한 손님이었다. 프로그램 동영상 촬영을 고민하던 내게 친구와 함께 다시 방문해 영상을 촬영하고 편집까지 해서 보내주었다. 이처럼 고마운 손님들이 많았다. 서울 필수 체험으로 추천해 준 이들, 천여 개를 넘는 고마운 후기를 남겨준 분들이 나의 평범한 날들을 특별한 순간으로 편집해주었다.

시간을 되돌아보니 한 가지 확실한 것은 내가 이 일을 진심으로 좋아하고 즐긴다는 점이다. 싱가포르 DBS 워크숍, 한국국제교류재단 워크숍, 국가공무원인재개발원의 글로벌 HR 콘퍼런스, Bespoke Rallies 2024 동호회 워크숍, 러시아 기업 한글 체험, NHK 월드 JAPAN 뉴스 인터뷰, 송도 유타 아시아 캠퍼스의 인터내셔날데이 워크숍, 그리고 아랍에미리트 대사와의 한글 체험까지. 이 모든 새로운 만남을 통해 듣고, 느끼고, 배우고 생각하며 7년의 이야기를 쌓아왔다.

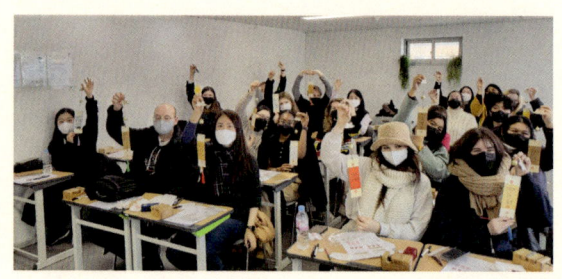

새김과 캘리그래피라는 작은 창을 통해, 우리는 하나의 공간에서 만나 호기심 어린 눈빛과 지혜로운 미소를 나누었다. 각자의 방식으로 한국 문화의 한 조각을

가슴에 담아가는 이들의 열정적인 발걸음을 지켜보며, 나는 단순한 체험 진행자를 넘어 문화의 전달자가 되었음을 느꼈다.

내 책을 읽기 위한 윌리엄의 한글에 대한 학습 의지, 모이라의 따뜻한 '엄마 같다'는 표현, 좋은 선생님이라고 말해 준 브랜든의 응원, 자신의 소원이 이뤄졌다고 전해준 엘렌의 기쁜 소식, 올리비에의 재방문과 서울에서의 창업, 서울에서 전시되는 일러스트작가로 선정되어 서울을 다시 방문하게 된 콜린, '맘마미아'를 외쳤던 이탈리아의 로렌조, 그리고 이 책의 마지막을 장식해준 벨기에에서 온 다섯 친구들. 마크, 제이드, 넬러, 까로 그리고 벨기에의 여행 가이드가 되어 주겠다며 카톡 친구가 제나 까지. 이 모든 순간이 내 인생을 풍요롭게 만든 기록 속의 7년이었다.

나는 매일 새로운 손님들을 기다린다. 누군가는 자신의 이름이 새겨진 도장을 친구의 생일 카드에 찍으며 미소 짓고 있을 것이고, 또 다른 이는 '세상을 탐험하다'라는 한글 족자를 바라보며 새로운 탐험을 구상하고 있을 것이다. 서울 인사동의 <필소굿캘리>를 찾은 모든 이들의 기억에, 나와 나눈 시간이 서울의 향기로 남아 있기를 바란다.

2023년 7월, 예약 없이 찾아온 중국인 손님은 "무일물(無一物)"을 돌에 새겼다. "아무것도 가진 것이 없다"는 그의 생각을 새겨 간직하고 싶었을까. 욕심도, 영광도, 모든 헛된 것들로부터 자유로운 무소유의 상태를 표현한 것일까. 그는 나를 '선생님'이라 불렀고, 작업실의 한자 글씨들을 읽어주었으며, "幸福像花兒一樣"(행복은 꽃과 같다)이라는 문장을 남겼다. 순간적이고 찰나인 행복, 형상이 없는 그것을 어떻게 해석해야 할지 고민하게 된다. 집착이 아닌 관심으로 자신의 여정을 돌보는 것, 가지기 위해 움켜잡는 손이 아니라 펼쳐서 경험하는 손으로 나를 채워가는 것, 그것이 각자의 몫이자 본래의 자신을 지키는 길이라 생각한다. 그 길에서 나는 참으로 많은 '당신'을 만났다.

세계는 넓고, 나와 당신의 여행은 끝나지 않았다. 다음 페이지에서, 다음 만남으로, 우리의 이야기는 계속될 것이다.